Möchten Sie diese Interpretationshilfe lieber am PC oder auf Ihrem Smartphone nutzen? Über folgenden Zugangscode können Sie die digitale Version dieses Bandes freischalten.

WWW.LEKTUEREN-VERSTEHEN.DE

Ihr persönlicher E-Book-Code:

7067-5-WPL7PUTM

Alle weiteren Infos finden Sie unter:
www.bange-verlag.de/E-Book

KÖNIGS ERLÄUTERUNGEN

BAND 236

Textanalyse und Interpretation zu

Georg Büchner

LEONCE UND LENA

Rüdiger Bernhardt

Alle erforderlichen Infos zur Analyse und Interpretation
plus Musteraufgaben mit Lösungsansätzen

Bange Verlag

Zitierte Ausgaben:
Büchner, Georg: *Woyzeck*. Ein Fragment. *Leonce und Lena*. Ein Lustspiel. Husum/Nordsee: Hamburger Lesehefte Verlag, 2021 (148. Hamburger Leseheft, Heftbearbeitung: Uwe Lehmann).
Büchner, Georg: *Woyzeck. Leonce und Lena*. Hrsg. von Burghard Dedner. Stuttgart: Reclam, 2020 (Reclams Universal-Bibliothek Nr. 18420).

Zitiert wird durch nachgestellte Seitenangabe, z.B. HL 29 oder R 43. Auf einige Unterschiede zwischen den beiden Vorlagen wird durch ( ) in den Zitaten hingewiesen.

Über den Autor dieser Erläuterung:
Prof. Dr. sc. phil. Rüdiger Bernhardt lehrte neuere und neueste deutsche sowie skandinavische Literatur an Universitäten des In- und Auslandes. Er veröffentlichte u.a. Studien zur Literaturgeschichte, zur Antikerezeption und zur Bewegung schreibender Arbeiter, Monografien zu Henrik Ibsen, Gerhart Hauptmann, August Strindberg, Peter Hille, Julius Mosen und Christoph Hein, gab die Werke Ibsens, Peter Hilles, Hermann Conradis und anderer sowie zahlreiche Schulbücher heraus. Von 1994 bis 2008 war er Vorsitzender der Gerhart-Hauptmann-Stiftung Kloster auf Hiddensee. 1999 wurde er in die Leibniz-Sozietät gewählt und 2018 mit dem Vogtländischen Literaturpreis ausgezeichnet.

1. Auflage 2022
ISBN: 978-3-8044-2067-0
PDF: 978-3-8044-6067-6, EPUB: 978-3-8044-7067-5

Titelabbildung: Ole Lagerpusch als Leonce und Katrin Wichmann als Lena in einer Inszenierung des Thalia Theaters Hamburg 2008
© picture-alliance/ dpa | Bodo Marks
Druck und Weiterverarbeitung: Plump Druck & Medien GmbH, Rheinbreitbach

1 DAS WICHTIGSTE AUF EINEN BLICK – SCHNELLÜBERSICHT 6

2 GEORG BÜCHNER: LEBEN UND WERK 11

2.1 Biografie 11

2.2 Zeitgeschichtlicher Hintergrund 16
Deutschland nach dem Wiener Kongress 16
Auseinandersetzung mit Romantik und Frühkommunismus 17
Büchner und das Junge Deutschland 19

2.3 Angaben und Erläuterungen zu wesentlichen Werken 21

3 TEXTANALYSE UND -INTERPRETATION 23

3.1 Entstehung und Quellen 23
Ein Preisausschreiben und seine Folgen 23
Historisches Material als Quellen 25
Das romantische Lustspiel und romantische Literatur 28
Die Werke William Shakespeares 30
Die Commedia dell' arte 30
Goethes *Faust*, *Werther* und *Der Triumph der Empfindsamkeit* (1787) 31
E. T. A. Hoffmanns *Der Sandmann* aus den *Nachtstücken* (1817) und anderes 32

3.2 Inhaltsangabe 34
Einführung 34
Erster Akt 35
Zweiter Akt 37
Dritter Akt 39

3.3 Aufbau 41
Die aristotelische Struktur 41
Die dramaturgische Anlage 42
Das Stück als Kreislauf 49

3.4 Personenkonstellation und Charakteristiken 51
Leonce 51
Lena 52
König Peter 52
Valerio 53
Rosetta 55

3.5 Sachliche und sprachliche Erläuterungen 56

3.6 Stil und Sprache 69
Der gestörte Dialog und groteske Stilmittel 69
Parodistische Elemente 71

3.7 Interpretationsansätze 74
Eindeutiges Weltbild, mehrdeutige Werke 74
Der Fatalismus als Thema 75
Die Maske des Narren und der Wert sinnvoller Tätigkeit 77
Die Frage „Wer bin ich?“ 79

3.8 Schlüsselszenenanalysen 82

4 REZEPTIONSGESCHICHTE 97

5 MATERIALIEN 105

6 PRÜFUNGSAUFGABEN MIT MUSTERLÖSUNGEN 108

LERNSKIZZEN UND SCHAUBILDER 120

LITERATUR 125

1 DAS WICHTIGSTE AUF EINEN BLICK – SCHNELLÜBERSICHT

Damit sich Leser:innen in diesem Band rasch zurechtfinden und das für sie Interessante gleich entdecken, folgt eine Übersicht.

Im 2. Kapitel wird **Georg Büchners Leben** beschrieben und auf den **zeitgeschichtlichen Hintergrund** verwiesen:

S. 11 ff.

- Georg Büchner lebte von **1813 bis 1837** im Großherzogtum Hessen, in Straßburg und in Zürich.

S. 16 ff.

- Die Völkerschlacht bei Leipzig 1813 änderte die europäischen Machtstrukturen. 1815 wurden durch den Wiener Kongress die politischen Verhältnisse von vor der Französischen Revolution von 1789 weitgehend wiederhergestellt. Die Literaturbewegung des Jungen Deutschland kritisierte diese Entwicklung und wurde 1835 verboten. Parallel dazu begann die industrielle Revolution; die Arbeiterklasse und ihre Organisation entstanden. Das **Großherzogtum Hessen** war ein Kleinstaat und rückständiges Agrarland. Die sozialen Widersprüche brachen hier schroffer als in anderen Regionen auf.
- Georg Büchners Stück *Leonce und Lena* ist ein deutsches Lustspiel. Es wurde 1838 teilweise von Karl Gutzkow und 1850 erstmals vollständig in den *Nachgelassenen Schriften* Georg Büchners veröffentlicht. Erst nach 1879, dem Jahr der von Karl Emil Franzos veröffentlichten Gesamtausgabe Büchners, und nach der Uraufführung 1895 fand es Publikum und Aufmerksamkeit.

S. 21 f.

- Entstanden ist das Stück nach *Dantons Tod* (1835) und vor/parallel zu *Woyzeck* (1836). Waren Büchners Themen zuvor die Revolution und dann das determinierte und entfremdete Individuum im Frühkapitalismus des 19. Jahrhunderts, geht es in *Leonce und Lena* um Kunst und Gestaltungsmöglichkeiten des Lebens.

Im 3. Kapitel wird eine **Textanalyse und -interpretation** geboten.

Leonce und Lena – Entstehung und Quellen:

Die erste Fassung des Lustspiels entstand in kurzer Zeit im Frühsommer 1836 für ein Preisausschreiben, dafür kam es jedoch zu spät. Es blieb trotz Veröffentlichung bis zum Ende des 19. Jahrhunderts unbekannt. Aktuelle Ereignisse und zahlreiche literarische Einflüsse wurden vom Dramatiker verarbeitet. Dazu gehörten parodistische Beziehungen zur Romantik; erkennbar sind zudem Namensähnlichkeiten mit Clemens Brentanos *Ponce de Leon* (vordatiert 1804) und Werken Ludwig Tiecks sowie dramaturgische Übereinstimmungen mit Alfred de Mussets *Fantasio* (1834), Anleihen bei Werken George Sands wie *Leone Leoni* (1834) und in der *Revue des Deux Mondes*, bei Shakespeare, Cervantes u. a. S. 23 ff.

Inhalt:

Der Erbprinz Leonce lebt in Müßiggang und Langeweile; er will sich z. B. einmal auf den Kopf sehen. Menschliches Tun ist seiner Meinung nach zweck- und sinnlos. Leonce und Lena, Prinzessin von Pipi, erfahren, dass sie, ohne sich zu kennen, einander heiraten sollen. Beide fliehen unabhängig voneinander. – In einem Wirtshaus treffen sie aufeinander, ohne zu wissen, wer der jeweils andere ist. Sie verlieben sich ineinander. – König Peter, dessen Heiratskandidaten verschwunden sind, will die Hochzeit mit Automaten Valerios in effigie (wörtlich: im Bilde, gemeint: stellvertretend) durchführen. Es sind Leonce und Lena, die sich als Automaten maskiert haben. Nachdem sie erkannt werden, ist der König gerührt, tritt die Herrschaft an den Sohn ab, der sein Land zu einem künstlichen Paradies „hinaufdestillieren" (R 79/HL 57) will. Der Narr Valerio wird Staatsminister und verkündet ein Schlaraffenland. S. 34 ff.

Chronologie und Schauplätze:

S. 41 ff.

Das Lustspiel hält die aristotelische Dramaturgie ein, hebt sie aber vielfach durch Ironie und Parodie auf; das gilt auch dem Umgang mit romantischen Requisiten. Die Vorrede signalisiert, dass es um Gesellschaftskritik geht, denn nicht der „Ruhm" für den Autor, sondern der Kampf gegen den „Hunger" ist das letzte Wort davon. Der Handlungsort ist ein deutsches Duodezfürstentum um 1830, das man sich als Großherzogtum Hessen vorstellen kann.

Personen:

Die Hauptpersonen sind

S. 51

Leonce

- Kronprinz von Popo,
- versucht der Welt Popos und seinem Leben zu entfliehen,
- will ein Leben in Zeichen der romantischen Melancholie und Langeweile führen.

S. 52

Lena

- Prinzessin von Pipi,
- sie erscheint natürlich und unverbildet, aber melancholisch,
- versucht sich in den Werten der klassischen Erziehung.

S. 52

König Peter

- Herrscher von Popo,
- denkunfähiger Herrscher ohne Beziehung zur Außenwelt,
- gescheiterter Vertreter aufklärerischer Vernunft.

S. 53 ff.

Valerio

- Landstreicher, Narr und Partner von Leonce,
- Spielgestalter, Konfliktlöser,
- wird am Ende Staatsminister und erlässt Dekret des Arbeitsverbots.

Rosetta S. 55

- Mätresse, die ihr Leben lebt,
- bricht aus der Langeweile aus,
- Alternative zur höfischen Hierarchie.

Stil und Sprache Georg Büchners:

- Büchner verfügt über ein sprachliches Gespür und reagiert auf aktuelle Entwicklungen. S. 69
- Er ist radikaler kritischer Realist und nimmt oft Naturalistisches vorweg – das bedeutet möglichst genaue und vollständige Wirklichkeitsbeschreibung, scheinbar „zufällige" Wirklichkeitsausschnitte.
- Alltagssprache und Fachsprache, auch Montagen romantischer Metaphern stehen nebeneinander.
- Eine Besonderheit Büchners ist der „windschiefe Dialog" zwischen den Gestalten, unter Einbeziehung grotesker Sprach- und Stilmittel, in dem sie sich nicht verstehen.
- Nichtszenische Bestandteile (*Vorrede*, Mottos) geben grundsätzliche Orientierungen.

Verschiedene Interpretationsansätze bieten sich an:

- Langeweile und Fatalismus sind Lebensformen der bürgerlich-kapitalistischen Entwicklung und führen zu Melancholie und Müßiggang; sie verbinden sich mit dem Verlust gesellschaftlicher Bindungen und der Individualität. S. 74 ff.
- Die Gesellschaftskritik Büchners betrifft feudalen Absolutismus und Frühkapitalismus. Die Maske des Narren dient als Waffe des Geistes, um sich der Langweile zu entziehen, ohne Alternativen zu besitzen.
- Ein philosophisches Begriffssystem zum Verständnis der Welt von Descartes und Spinoza, Kant, Schopenhauer bis Hegel wird vom König Peter eingesetzt. Büchner steht den Begriffen kritisch gegenüber.

- Die Rolle der Kunst für die Ausbildung der Individualität wird zum zentralen Thema.

Rezeptionsgeschichte:

S. 97 ff.

- Das Lustspiel hat unterschiedliche bzw. gegensätzliche Urteile erfahren, eine Ursache liegt in der Vielfältigkeit der von Büchner benutzten Quellen.
- Beim Erscheinen des Stückes 1850 gab es zunächst kaum Reaktionen. Der späte Rezeptionsbeginn (nach 1895) bestätigt die erstaunliche Rolle, die Georg Büchner im deutschen Naturalismus spielte.
- Heute wird *Leonce und Lena* vor allem als satirisches und groteskes Stück gelesen, das mit der versöhnlichen Heiterkeit von Lustspielen nichts mehr zu tun hat, dafür aber bis in die Nähe des absurden Theaters gerückt wird[1]: Leonce und Lenas Schicksal erscheint als Beispiel radikaler Absurdität.
- Andererseits werden die romantischen Bezüge des Stücks als Satire und Karikatur auf menschliche Moral, auf Kunst und romantisches Lebensgefühl betrachtet.

---

1 Vgl. Martin Esslin: *Das Theater des Absurden*. Reinbek: Rowohlt, 1965, S. 259 f.

GEORG BÜCHNER: LEBEN UND WERK

2

2.1 Biografie[2]

Jahr	Ort	Ereignis	Alter
1813	Goddelau (Großherzogtum Hessen)	17. Oktober: Karl Georg Büchner als Sohn des Arztes Ernst Karl B. und seiner Ehefrau Caroline Louise B., geb. Reuß, geboren.	
1816	Darmstadt	Vater wird Bezirksarzt und Großhrzl. Medizinalrat.	3
1819		Erster Unterricht durch die Mutter bis 1820.	6
1821	Darmstadt	„Privat-Erziehungs- und Unterrichtsanstalt" (Dr. Karl Weitershausen).	8
1824	Darmstadt	Bruder Ludwig Büchner geboren (gest. 1899); mit seinem Buch *Kraft und Stoff* (1855) propagierte der Arzt später einen mechanischen Materialismus, der im Naturalismus einflussreich war.	11
1825	Darmstadt	Ostern: Aufnahme ins Gymnasium (Großhrzl. Pädagog). Lektüre: Homer, Shakespeare, Goethe, Schiller, Jean Paul, Tieck, Herder, Heine und Volkspoesie u. a.	11
1828	Darmstadt	Zirkel von Primanern, in dem religiöse, moralische und politische Fragen diskutiert werden.	15
1829	Darmstadt	Schulrede, dabei Fichtes *Reden an die deutsche Nation*, B.s Lieblingslektüre, verwendet.	16
1830	Darmstadt	29. 9.: Rede zur Schulabschlussfeier über *Verteidigung des Kato von Utika*: B. lobt den republikanischen Römer und zieht ihn Cäsar vor. Er versteht das wie Schiller als Ausdruck der Freiheit.	17

Georg Büchner
(1813–1837)

2 Neben Jan Christoph Hauschild: *Georg Büchner* (1997) bietet eine sorgfältige Biografie Mayer in: Arnold I/II, S. 357–425.

2.1 Biografie

Jahr	Ort	Ereignis	Alter
1831	Darmstadt	März: Öffentliche Abiturrede, Reifezeugnis.	17
	Straßburg	Medizinstudium; wohnt bei dem verwandten Pfarrer Jaeglé, in dessen Tochter Louise Wilhelmine (Minna) Büchner sich verliebt.	18
	Straßburg	17. November: durch Studienfreund Eugen Boeckel Kontakt zur Studentenverbindung „Eugenia", die sich um elsässische Volksdichtung bemüht und Büchner zum hospes perpetuus (Dauergast) ernennt, da nur Theologen teilnehmen dürfen. Mittelpunkt sind die Brüder Adolph (1811–92) und August (1808–84) Stöber, B. befreundet sich mit ihnen.	18
1832	Straßburg	März: heimliche Verlobung Büchners mit Wilhelmine (Minna); Büchner spricht mehrfach in „Eugenia" über die unhaltbaren gesellschaftlichen Zustände und soziale Gegensätze von Arm und Reich, das weist auf die Kenntnis der Ideen Henri de Saint-Simons (1760–1825) und des von ihm beeinflussten Louis-Auguste Blanqui (1805–1881) hin.[3]	19
	Paris	Juni: Volksaufstand, die „Eugenia" wird politisiert: Themen ihrer Beratungen sind die Verderbtheit der deutschen Regierungen, die zerstörerischen Gegensätze von Arm und Reich, eine universelle Republik, die Vereinigten Staaten von Europa, Saint-Simonismus und religiöse und soziale Erneuerung.[4]	

3 Vgl. Poschmann, S. 21.

4 Nach Alexis Mustons *Tagebuch Sommer 1833*, vgl. Simone Barck u. a. (Hrsg.): *Lexikon sozialistischer Literatur. Ihre Geschichte in Deutschland bis 1945.* Stuttgart-Weimar: Verlag J. B. Metzler, 1994, S. 9. Vgl. auch: Poschmann, S. 95.

Jahr	Ort	Ereignis	Alter
1833	Frankfurt a.M.	3. April: Frankfurter Wachensturm. Bekenntnis zum Umsturz der Verhältnisse, Bekanntschaft mit Saint-Simonisten.	19
	Darmstadt	Juni: Wanderung durch die Vogesen; Ende Juli: Rückkehr ins Großherzogtum, um die gesetzlich vorgeschriebenen zwei Jahre an der Landesuniversität Gießen zu studieren.	
	Gießen	31. Oktober: Immatrikulation an der Universität Gießen und Interesse für vergleichende Anatomie.	20
	Darmstadt	Nach Erkrankung (Hirnhautentzündung) Rückkehr ins Elternhaus.	
1834	Gießen	Lebenskrise: sogenannter *Fatalismusbrief*[5] an Minna; Januar: Fortsetzung des Studiums. Büchner lernt den „roten August" (August Becker, 1814–71) kennen, der ihn an den Pfarrer **Friedrich Ludwig Weidig** vermittelt. Liest Goethes *Werther*, Romane Laurence Sternes und Jean Pauls.	20
	Gießen	Mitte März/April: Gründung der *Gesellschaft der Menschenrechte* (erste frühkommunistisch revolutionäre Vereinigung in Deutschland). Erarbeitet die Flugschrift *Der Hessische Landbote*, von Weidig entschärft.	
	Straßburg	Ostern: offizielle Verlobung mit Wilhelmine (Minna) Jaeglé.	
	Darmstadt	Mitte April: Gründung einer Sektion der Gesellschaft der Menschenrechte.	
	Ruine Badenburg (bei Gießen)	Juli: Gründungsversammlung des „Pressvereins" auf Betreiben Weidigs: Rahmenprogramm für Flugschriften. Büchners Hinwendung zu „Proletariern" stößt auf Widerspruch.	20

---

5 Während die Werkausgabe (Bergemann, S. 395) diesen Brief im November 1833 vermutet, datiert ihn Poschmann (S. 290) etwa Mitte März 1934. Nach Th. M. Mayer wurde der Brief um den 9. bis 12. März, „vielleicht ein wenig später", 1834 geschrieben. (Mayer, in Arnold I/II, S. 374).

2.1 Biografie

Jahr	Ort	Ereignis	Alter
	Butzbach u. a.	Nach der Verhaftung des Mitkämpfers Minnigerode bei der Verteilung des *Hessischen Landboten* warnt Büchner die Freunde in Mannheim und Frankfurt. Der drohenden Verhaftung entgeht Büchner durch resolutes Auftreten und ein fingiertes Alibi.	
	Darmstadt	Büchner bereitet sich auf das Examen vor, Beschäftigung mit der Französischen Revolution.	
	Darmstadt	Herbst: politische Arbeit in der *Gesell-schaft*, Waffenübungen, Vorbereitung der Befreiung Minnigerodes u. a.	21
1835	Darmstadt	Konspirative Tätigkeit, gerichtliche Vorladungen, Arbeit an *Dantons Tod*, Manuskript an Karl Gutzkow gesandt (erscheint unvollständig in der Zeitschrift *Phönix*).	
	Straßburg	März: Flucht vor drohender Verhaftung über die französische Grenze ins Exil; er meldet sich als Jacques Lutzius bei den Behörden. Freundschaft mit Wilhelm und Caroline Schulz, dauert bis zu Büchners Tod.	
	Frankfurt	18. Juni: Steckbrief Büchners erscheint; Büchner übersetzt Dramen Victor Hugos. Er arbeitet an einem Kurs/Vorlesungen über die philosophischen Systeme der Deutschen seit Descartes (Cartesius) und Spinoza.	21
	Straßburg	Beginn mit der Untersuchung über das Nervensystem der Fische für die Promotion.	
1836	Straßburg	Die *Sociéte d'histoire naturelle de Strasbourg* ernennt ihn zum Mitglied, nachdem er über seine wissenschaftlichen Untersuchungen mehrfach vor ihr gesprochen hat.	22

Jahr	Ort	Ereignis	Alter
	Straßburg	Juni: ***Leonce und Lena*** für Preisausschreiben des Cotta-Verlages (1. 1. 1836) entstanden 3. Juli: eingeschickt zum Wettbewerb bei Cotta, wegen Verspätung ungeöffnet zurück. Juli: Arbeit am *Woyzeck* und am verschollenen Drama *Pietro Aretino*. Besuch der Mutter, Schwester Mathilde.	
	Zürich	3. September: Die Universität verleiht Büchner die „philosophische Doktorwürde".	
	Zürich	18. Oktober: Übersiedlung nach Zürich. Umgang mit deutschen Exilanten. 5. Nov.: Probevorlesung, Privatdozent.	23
1837	Zürich	Januar: Büchner kündigt drei Dramen an. Erkrankt an Typhus.	23
	Zürich	19. Februar: Tod Büchners in seinem 24. Lebensjahr in Anwesenheit von Wilhelmine Jaeglé. Zwei Tage später Beerdigung unter großer Teilnahme auf dem „Krautgarten"-Friedhof der Gemeinde Großmünster.	
1875	Zürich	Überführung der Gebeine auf den Friedhof am Zürichberg. Auf dem Grabstein stehen **Verse Georg Herweghs**: „Ein unvollendet Lied sinkt er ins Grab, / Der Verse schönsten nimmt er mit hinab." (1841)	
1895	München	31. Mai: **Uraufführung von *Leonce und Lena*** durch Naturalisten wie Max Halbe, Ernst von Wolzogen u. a.	
1997	Goddelau	Im Geburtshaus wird ein Museum eröffnet.	

2.2 Zeitgeschichtlicher Hintergrund

Zusammenfassung

- Georg Büchners dramatische Werke *Dantons Tod, Leonce und Lena* und *Woyzeck* bilden eine Einheit, die einen zeitgeschichtlichen Verlauf unter verschiedenen Aspekten betrachtet.
- Das Lustspiel *Leonce und Lena* behandelt ironisch absolutistische Herrschaft, Lebensmöglichkeit und Willensfreiheit, es wirft auch eine kritische Sicht auf die Romantik und ebenso auf die sozialen Verhältnisse im Feudalismus.
- Büchners kurzes Leben zwischen Karlsbader Beschlüssen 1815, Julirevolution 1830 in Paris, Attentat auf König Louis-Philippe 1835, Verhaftung, Verurteilung und am 19. Februar 1836 Hinrichtung des Attentäters Guiseppe Fieschis[6] umreißen einen welthistorischen Veränderungsprozess.
- Er wollte nicht zum Jungen Deutschland gerechnet werden, ging aber mit vielen seiner Ansichten mit diesem konform und in seinen sozialen Analysen (*Der Hessische Landbote*, 1834) darüber hinaus.

Deutschland nach dem Wiener Kongress

Vielzahl deutscher Kleinstaaten

Die Völkerschlacht bei Leipzig 1813 veränderte die Welt. Die napoleonische Herrschaft über Europa war zu Ende; der Wiener Kongress 1815 restaurierte die überholten Machtverhältnisse der feudalen Duodezherrscher (Fürsten über kleine und zersplitterte Herrschaftsgebiete) und damit die territoriale Zerrissenheit auf dem Gebiet des Deutschen Bundes. Das spiegelt sich in Büchners Lustspiel wider: Valerio und Leonce durcheilen in einem halben Tag 18 Fürstentümer und Großherzogtümer und ein paar Königreiche (R 60/HL 42); das Reich Popo ist so winzig, dass es vom Schlossfenster aus zu kontrollieren ist. Doch hatten sich in dieser Zeit eine patriotische Kraft und eine deut-

---

6 Das Attentat und die Verurteilung Fieschis wurde zum literarischen Thema der zeitgenössischen gesellschaftskritischen Literatur, vgl. Ernst Ortlepp: *Fieschi. Ein poetisches Nachtstück* (1835).

sche Nationalität entwickelt, die sich nicht mehr verdrängen ließ. Hinzu kamen die von Napoleon eingeführten bürgerlichen Rechte durch die Einführung des *Code civil* (1804) und ein sichtbarer politisch-ökonomischer Fortschritt in den Rheinbundstaaten. In der Bildung hatten sich eine neuhumanistische und eine naturwissenschaftlich geprägte Ausbildung durchgesetzt und waren an die Seite klassischer Fächer getreten; politische und soziale Interessen der Schüler entwickelten sich. Insofern wurde die **Julirevolution 1830** für Denker wie Büchner die Erfahrung des Kampfes um bürgerliche Rechte und Freiheiten.

Auseinandersetzung mit Romantik und Frühkommunismus

Parallele zu Heine

Heute wird Georg Büchner als bedeutendster deutscher Schriftsteller am Beginn eines Realismus gesehen, der das 19. Jahrhunderts prägte. Mit dieser Entwicklung vollzog sich bei diesem Schriftsteller, ähnlich wie bei Heinrich Heine (1797–1856), die Auseinandersetzung mit der Romantik. Dieser Vorgang findet sich auch in *Leonce und Lena*. „Alles, was man je als ‚romantisch' empfand in Klang und Weltsicht, findet seinen Ort und Anteil in Büchners Lustspiel."[7]

Frühkommunismus

Das Lustspiel ist **parallel zum sozialkritischen Fragment *Woyzeck* entstanden**. Neben Schriftstellern, die Büchner vertraut waren, wurden die deutsche Romantik und das klassische Erziehungsideal thematisiert und parodiert. Die Romantik war eine verbreitete philosophische und ästhetische Strömung und Epoche, die sich international unterschiedlich entwickelte. Das bildete das Pendant zu einem frühkommunistischen revolutionären Denken, wie es in Büchners **Flugschrift *Der Hessische Landbote* (1834)** erkennbar ist. Dazu kommen soziale Überlegungen Claude Henri de Saint-Simons (1760–1825) und seiner Saint-Simonisten, auch frühsozialistischer Revolutionäre wie Louis-

7 Mayer, *Georg Büchner und seine Zeit*, S. 300.

2.2 Zeitgeschichtlicher Hintergrund

August Blanqui (1805–1881)[8] und George Sand (1804–1876). Blanqui erklärte z. B. das Steuerrecht als Instrument, „dessen sich die Minderheit zur Ausbeutung der großen Mehrheit bedient“[9], ein Gedankengang, der den *Hessischen Landboten* prägt. Wenn Blanqui erklärte: „Die Steuern sind eine Beraubung der arbeitenden Klassen durch die Müßiggänger“[10], so hieß es in Büchners *Landboten* nach einer Aufstellung der Steuern: „Das Geld ist der Blutzehnte, der vom Leib des Volkes genommen wird.“[11]

Büchner ein delirierender Christ?

Der **Büchner-Biograf Hermann Kurzke** nennt Büchner abschätzig einen „geniale(n) Quellenplünderer“ – eine zwiespältig-unpassende Wertung, da Büchner seine Quellen gezielt nannte – und schrieb seine Genialität einem „delirierende(n) Büchner“[12] zu, der diese Delirien „im Wahnsinn seines Lenz“ formuliert habe. Das ist für Kurzke eine Begründung für den Romantiker und „bedeutende(n) Christ(en)“ Büchner, der den Realisten und Atheisten Büchner verdrängt habe. Dagegen gebe es laut Kurzke für „einen Frühsozialismusdiskurs im Werk Büchners ... nur wenige belastbare Belege“[13]. Doch nur mit Fantasie sind Büchners revolutionäre Ambitionen zu negieren; Kurzke hat diese Fantasie, denn er bezieht seine Belege aus „Imagination“[14] oder Fakten, die „experimentell (...) zu ersetzen“[15] seien. **Hans Mayer**, der Begründer der modernen Büchner-Forschung, hat dagegen das Romantische in Büchners Werken bereits 1946 auf den Punkt gebracht: Das Lustspiel *Leonce und Lena*, in dem viel Romantisches zu finden ist, sei

Marcel Reich-Ranicki über Georg Büchner

8 Auf diese Zusammenhänge wies Hans Mayer entschieden hin, vgl. ebd., S. 82–84.
9 Poschmann, S. 20.
10 Blanquis Gerichtsrede von 1832, zitiert nach: Mayer, *Georg Büchner und seine Zeit*, S. 83.
11 Büchner: *Der Hessische Landbote*, in: Bergemann, S. 352.
12 Kurzke, S. 279. – Allein auf S. 280 wird fünf Mal Büchners Delirium beschworen, später folgt mehr usw.
13 Ebd., S. 314.
14 Ebd., S. 283.
15 Ebd., S. 307 f.

„ein Gebilde, das mit der deutschen Romantik in seiner eigentlichen Substanz nichts mehr zu tun hat. Dies ist nicht mehr (...) ein romantisches Spiel auf der Grenze zwischen Kunst und Natur, sondern eine Dichtung, die sich bewährter literarischer Rezepte der Romantiker zu durchaus unromantischen Zwecken bedient.“[16]

Unromantische Zwecke

Büchner und das Junge Deutschland

Gemeinsamkeiten und Unterschiede

Georg Büchner forderte den sozial-engagierten Kampf und führte ihn, deshalb wurde er verfolgt. Seine Schriften galten als unsittlich, und mit dem Jungen Deutschland, von dem er sich vorsorglich distanzierte[17], geriet er in Verruf. Seine Ansichten waren jedoch radikaler als die des Jungen Deutschland. Er forderte die **Fokussierung auf das unterdrückte Volk und die sozialen Gegensätze**. Er reflektierte in einem Brief an die Familie vom August 1835 Fieschis Attentat auf den französischen König Louis-Philippe I. (1773–1850) und sah dessen Folgen, die das Verbot des Jungen Deutschland beschleunigten und den Schriftsteller Ernst Ortlepp (1800–1864), der ein Pamphlet *Fieschi* (1835) geschrieben hatte, unmittelbar trafen.[18] – Am 1. Dezember 1835 war das erste Heft der *Deutschen Revue* erschienen, die dem Jungen Deutschland Sicherheit bringen sollte. Die Herausgeber

---

16 Mayer, *Prinz Leon und Doktor Faust*, S. 535.

17 Vgl. Brief an die Familie vom 1. Januar 1836. In: Bergemann, S. 430.

18 Bei einem gescheiterten Attentat auf den französischen König Louis-Philippe, genannt der „Bürgerkönig“, am 28. Juli 1835 wurden durch die Wirkung der „machine infernale“ 18 Personen aus der Umgebung des Königs getötet. Am 14. Februar 1836 wurde der Attentäter Joseph Fieschi, der die Höllenmaschine aus 24 Gewehrläufen konstruiert hatte, in Paris verurteilt und am 19. Februar hingerichtet. Dazwischen hatte Ernst Ortlepp sein Pamphlet *Fieschi* geschrieben und veröffentlicht. Metternich hatte gewütet, dass dieses Werk durch die Zensur gegangen war. Zeitgleich mit dem Verbot von Ortlepps Poem in Preußen wurden die Schriften des Jungen Deutschland verboten. Ortlepp musste 1836 Leipzig verlassen. Die Schrift war eine wilde Anklage an einen Gott, der „tausend Millionen Wesen“ umbrachte, an eine Welt, die durch Mord lebte, an ein Denken, das auf Vernichtung aus war. Fieschi konstatierte: „Es morden Menschen, Gott, Natur, / Und alles ist ein Mörder nur!“ Dieses Aufbegehren ist ein Zornesschrei gegen eine unmenschlich eingerichtete Gesellschaft und die Verteidigung eines Aufbegehrens, das wohl ziellos war, das scheiterte, aber das das Gefühl in einer verbreiteten Lethargie vermittelte, etwas gegen diese Gesellschaft getan zu haben. Ortlepp lässt Fieschi in dem Poem bekennen: „Nur mir allein gehört die Tat!“ Ernst Ortlepp: *Fieschi. Ein poetisches Nachtstück.* Hrsg. von Roland Rittig und Rüdiger Ziemann. edition STEKO. Halle: Verlag Janos Stekovics, 2001, S. 6.

Ludolf Wienbarg und Karl Gutzkow hatten sich der Schriftsteller versichert, die für diese Idee standen; Georg Büchner und sein Freund Wilhelm Schulz gehörten dazu. Am 10. Dezember 1835 verbot der Deutsche Bundestag jedoch die Schriften des Jungen Deutschland.

Gegensätzliche Kunstauffassungen

Das **Geburtsjahr** Georg Büchners 1813 ist auch das Geburtsjahr Friedrich Hebbels, Otto Ludwigs, Richard Wagners, Giuseppe Verdis, Sören Kierkegaards[19] und des Dichters des Epos *Dreizehnlinden*, Friedrich Wilhelm Weber. Die summierende Reihe zeigt die Gegensätzlichkeit gleichzeitig wirkender Kunstauffassungen (Büchner als Radikaldemokrat und F. W. Weber als konservativer Denker).

19 Mehrfach wurde Büchners Satire mit der „etwa gleichzeitig" (Dedner 2001, S. 140) entstandenen Philosophie Kierkegaards verglichen. Es bestehen aber gravierende zeitliche Unterschiede: Die ersten Werke Kierkegaards (ab 1843) erschienen nach Büchners Tod. K.s erste bekannte Aufzeichnung stammt von 1834 und war eine Tagebucheintragung.

2.3 Angaben und Erläuterungen zu wesentlichen Werken

Zusammenfassung

Büchners Werke, in dem kurzen Zeitraum von 1834 bis 1837 entstanden, sind formal und gattungsspezifisch unterschiedlich, kreisen aber um ähnliche Themen, die sie miteinander in Beziehung setzten und zu einem Gesamtbild der bürgerlichen Gesellschaft am Beginn der Moderne werden lassen: revolutionäre Bewegungen und soziale Ziele, Eintritt neuer Klassen in die Geschichte und Untergang des Absolutismus, gegensätzliche Kunstprogrammatik.

Zu Büchners Lebzeiten bis 1836 sind kaum Texte des Dichters bekannt geworden, wie aus der Tabelle deutlich wird:

Forschungsstelle Georg Büchner

1834	*Der Hessische Landbote* (Flugschrift)	veröffentlicht Juli und November 1834
1835	*Dantons Tod* (Drama)	veröffentlicht 26. März – 7. April 1835
1835	*Victor Hugo: Lucretia Borgia/ Maria Tudor* (Übersetzungen)	veröffentlicht im 6. Band der Hugo-Ausgabe
1835	*Lenz* (Novelle)	veröffentlicht Januar 1839
1836	*Leonce und Lena* (Drama)	veröffentlicht Mai 1838, Gesamttext 1850
1836	*Woyzeck* (Drama)	veröffentlicht 1878, einige Szenen 1875
1836	*Pietro Aretino* (Drama)	Möglicherweise beim Abschreiben verschollen

Der Hessische Landbote

Büchners Flugschrift *Der Hessische Landbote* griff den Staat als größten Feind des einfachen Menschen mit sachlichen Analysen an. Ziel für Büchner war eine grundsätzliche gesellschaftliche Veränderung, durch die die Menschen- und Bürgerrechte der Französischen Revolution in Deutschland verwirklicht werden sollten. Ähnlich kann auch sein Stück *Dantons Tod* verstanden werden: Danton will die Revolution beenden und ein bürgerliches Leben

Dantons Tod

2.3 Angaben und Erläuterungen zu wesentlichen Werken

pflegen, Robespierre möchte sie weitertreiben, um alle unterdrückten Menschen zu befreien. Danton stirbt deshalb als vermeintlicher Verräter, ohne dass die Revolution ihr eigentliches Ziel erreicht.

Lenz

In der Novelle *Lenz* wird das Problem der gesellschaftlichen und sozialen Unterdrückung am Einzelschicksal des Sturm-und-Drang-Dichters J. M. R. Lenz (1751–1792) gestaltet, der zeitweise mit Goethe verglichen wurde und ihm ebenbürtig galt. In ihm wurde auch Büchners Ansicht erkennbar, dass Intellektuelle (Künstler) zwar Veränderungen unterstützen, aber nicht tragen können. Die entscheidende Kraft der gesellschaftlichen Bewegung sei demnach das Volk.

Leonce und Lena

Leonce und Lena ist ein Lustspiel, aber auch ein Satyrspiel im Verhältnis zu den anderen Texten: Die feudale Welt wird in ihrer Lebensunfähigkeit und Missachtung der Arbeit karikiert. Nicht nur die Lebensführung der handelnden Personen, sondern auch die Form des romantischen Lustspiels wurden mit diesem Stück ad absurdum geführt. In dem Stück demonstrierte Büchner „mit überlegenem Spott (...) die fragwürdige Legitimität des Systems, das er schon im *Der Hessische Landbote* attackiert hatte“[20].

Woyzeck

1836 entstand ***Woyzeck***, einige Szenen veröffentlicht 1875, das gesamte Fragment 1878: Die Bedeutung des Stücks liegt in den sozialen Fragestellungen, in seinem Inhalt, seiner Form. Fasziniert waren Publikum und Kritik von dem Verfasser, der sich als Revolutionär erwies und in diesem Stück auf einen Proletarier aufmerksam geworden war.

Nur dreijährige Schaffenszeit

Trotz der nur drei Jahre währenden Schaffensperiode Büchners und der geringen Zahl seiner Werke entstand ein **geschlossenes Gesamtwerk mit einer Utopie**, die von den Forderungen der Französischen Revolution nach Freiheit, Gleichheit, Brüderlichkeit getragen ist, die Verteilung der gesellschaftlichen Mittel als materielles Zentrum hat und der Büchner radikal sozial praktizierbare Konturen geben wollte.

---

20 Hauschild 1997, S. 668.

TEXTANALYSE UND -INTERPRETATION

3.1 Entstehung und Quellen

Zusammenfassung

- Das Lustspiel entstand für ein Preisausschreiben; es wurde in kurzer Zeit in einer ersten Fassung fertig, erreichte die Jury aber zu spät und wurde ungeöffnet zurückgeschickt.
- Danach arbeitete Büchner parallel zum *Woyzeck* daran. Es entstanden mindestens zwei Fassungen; veröffentlicht wurde die zweite 1838 in Auszügen, 1850 in den *Nachgelassenen Schriften*.
- Das Stück verwendet zahlreiche literarische Quellen, nutzt authentische Erlebnisse des Dichters und die zeitgeschichtliche Realität eines deutschen Duodezfürstentums; bevorzugt des Großherzogtums Hessen.

Ein Preisausschreiben und seine Folgen

300 Gulden Preisgeld

Das Lustspiel schrieb Georg Büchner für eine **„Preisaufgabe" des J. G. Cotta-Verlages** (datiert vom 1. Januar 1836[21]), der in der Augsburger *Allgemeinen Zeitung* am 16. Januar und im *Intelligenz-Blatt Nr. 3* zum *Morgenblatt für gebildete Stände* für das beste Lustspiel in Prosa oder Versen 300 Gulden ausgesetzt hatte. Mit dieser Summe hätte sich Büchner eine Zeitlang aus finanziellen Zwängen befreien können. Ein Brief vom 1. Juni spricht davon: Büchner teilt mit, dass er in den nächsten sechs bis acht Wochen große weiße Papierbogen „vollschmieren" will, um sich daraus „Rock und Hosen" zu schneiden.[22] Bis dahin hatte er an seiner Dissertation *Mémoire sur le système nerveux du barbeau* geschrieben. Der Anlass zwang Büchner, das Stück rasch

---

21 Faksimile der Ausschreibung. In: Georg Büchner: *1813–1837, Revolutionär, Dichter, Wissenschaftler (Katalog der Ausstellung Mathildenhöhe*, Darmstadt, 2. August – 27. September 1987). Basel, Frankfurt a. M.: Stroemfeld/Roter Stern, 1987, S. 299.

22 Brief an Eugen (Eugène) Boeckel vom 1. Juni 1836. In: Bergemann, S. 437.

zu vollenden. Da die Einsendung anonym erfolgen sollte, bot sich für ihn die Möglichkeit, den ihm verhassten Wolfgang Menzel (1798–1873), der Juror des Verlages und ein einflussreicher Literaturkritiker war, mit seinem Stück und dessen satirisch-kabarettistischer Anlage zu provozieren und gleichzeitig seinen Hass gegen feudalabsolutistische Herrschaftssysteme mitzuteilen.

Verspätete Einreichung

Literarische Preisaufgaben waren damals verbreitet. Auch Clemens Brentanos *Ponce de Leon* (1804) war so entstanden, ein wenig bedeutsames Stück, das aber für Büchner wichtig werden sollte (s. u.). Büchner hat die erste Fassung von *Leonce und Lena* im Juni 1836 geschrieben; sein Manuskript, vermutlich zweiaktig, erreichte den Verlag jedoch erst zwei Tage nach Abgabeschluss (vom 15. Mai verlängert auf den 1. Juli 1836) und wurde ungeöffnet zurückgeschickt. Danach schrieb Büchner weiter am Text, und zwar zur gleichen Zeit, in der er sich mit dem *Woyzeck* beschäftigte (vom Juli bis zum Herbst 1836). Aus dem im Wettbewerb geforderten ein- bzw. zweiaktigen wurde in dieser Zeit ein dreiaktiges Schauspiel. Die **erste Fassung** wurde 1851 bei einem Brand vernichtet. Es deutet viel darauf hin, dass der erste Akt weitgehend in die **zweite Fassung** übernommen wurde und die Veränderungen vor allem den zweiten Akt betrafen, aus dem der zweite und dritte Akt wurden. Büchner berichtete dem Schriftsteller, Dramatiker und Journalisten Karl Gutzkow (1811–1878) von seinen Dramen im September 1836. Dieser erbat alle Texte.

„Ferkeldramen"

Wahrscheinlich hat Büchner von „Ferkeldramen" gesprochen, denn Gutzkow antwortete: „Von Ihren ‚Ferkeldramen' erwarte ich mehr als Ferkelhaftes."[23] Damit sind vermutlich *Leonce und Lena* sowie *Woyzeck* gemeint. Mit „Ferkelhaftem" könnte Büchner das Obszöne im *Woyzeck*, einmalig in der Literatur um 1836, sowie das erotisch Zweideutige sowie die obszönen und sexuellen Bezüge in *Leonce und Lena* gemeint haben. In einem Brief an den

23 Gutzkow am 10. Juni 1836 an Büchner. In: Bergemann, S. 566.

Bruder Wilhelm vom 2. September 1836 berichtet Büchner von seinen Dramen:

> „Dabei bin ich gerade daran, sich einige Menschen auf dem Papier totschlagen oder verheiraten zu lassen, und bitte den lieben Gott um einen einfältigen Buchhändler und ein groß Publikum mit so wenig Geschmack als möglich."[24]

Das bezieht sich wahrscheinlich auf *Woyzeck* („totschlagen") und *Leonce und Lena* („verheiraten"). Als Georg Büchner am 18. Oktober 1836 nach Zürich übersiedelte, nahm er die Überarbeitung von *Leonce und Lena* mit, da er mit ihr noch unzufrieden war. Endgültig wurde das Lustspiel in Zürich kurz vor seinem Tode beendet. Büchner hatte der Braut mitgeteilt, er werde „in längstens acht Tagen *Leonce und Lena* mit noch zwei anderen Dramen erscheinen lassen"[25]. Mit den „anderen Dramen" waren wahrscheinlich *Woyzeck* und das verschollene Drama *Pietro Aretino* gemeint. 1838 erschienen Auszüge von *Leonce und Lena* in Gutzkows *Telegraph für Deutschland*. In den *Nachgelassenen Schriften* (1850) veröffentlichte der Bruder Ludwig Büchner das Stück erstmals vollständig, mit einer detailreichen Biografie des Dichters, in der das Stück aber nur eine untergeordnete Rolle spielt.

Kurz vor seinem Tod in Zürich beendet

Historisches Material als Quellen

Als Quellen für seine Stücke diente Büchner historisches Material: In *Dantons Tod* benutzte Büchner originale Dokumente zu den historischen Vorgängen und schöne Literatur, im *Woyzeck* waren es Dokumente über den Mord Johann Christian Woyzecks (1780–1824) an seiner Geliebten in Leipzig und die nachfolgenden psychiatrischen Untersuchungen des Mörders[26], in *Leonce und*

Verwendung von Dokumenten

24 Brief vom 2. September 1836 an Wilhelm Büchner. In: ebd., S. 440 f.

25 Brief an die Braut 1837. In: ebd., S. 446.

26 Als Dokumentation der Beziehungen zwischen Zeitereignissen, Woyzecks Biografie und Stück ist nützlich: Hans Mayer: *Georg Büchner: Woyzeck. Vollständiger Text und Paralipomena. Dokumentation.* Reihe: Dichtung und Wirklichkeit, Bd. 11. Frankfurt a. M. – Berlin: Ullstein, 1963.

Lena kam das historische Material aus der *Revue des Deux Mondes*, bevorzugt aus dem Jahre 1834, aus literarischen Werken – von der *Vorrede* über das Chamisso-Motto bis zu George Sands *Leone Leoni* –, aus Zeitereignissen und persönlichen Erfahrungen, die Büchner satirisch für die **Beschreibung der Gesellschaft, besonders der Aristokratie** nutzte. Das Lustspiel wurde eine Darstellung der Unfähigkeit einer absolutistischen Herrschaft – des Königs und des Thronfolgers, des Staatsrates und des Narren-Staatsministers Valerio – zu politisch und sozial verantwortlichen Handlungen. Das wurde zum grundsätzlichen Unterschied zu Brentanos Lustspiel, das heiter blieb und keine Satire wurde.

Besonderheit von Büchners Werk

Dass die literarischen Werke Büchners durchweg vorliegendes Material benutzten – auch das Novellenfragment *Lenz* ging auf die Aufzeichnungen des Pfarrers Oberlin zurück –, machte ihre Besonderheit und Bedeutung als zusammengehöriges künstlerisches und zeithistorisches Dokument aus einem rückständigen absolutistischen Staatsgebilde aus. Aber auch die Unterschiede werden deutlich: *Dantons Tod* wurde zum historischen Dokument, *Woyzeck* zum Protokoll psychischer Entwicklungen von Menschen der Unterschichten infolge der Ausbeutung und *Leonce und Lena* zum **Dokument der Kunst in den 1830er Jahren**. Aus der Schweiz beschrieb Büchner deren republikanische Struktur als vorbildlichen Gegensatz und Gegenentwurf zur damaligen deutschen Feudalstruktur:

Schweiz als Gegenentwurf

> „Die Schweiz ist eine Republik. (...) Die Straßen laufen hier nicht voll Soldaten, Akzessisten[27] und faulen Staatsdienern, man riskiert nicht, von einer adligen Kutsche überfahren zu werden; dafür überall ein gesundes, kräftiges Volk und um wenig Geld eine einfache, gute, rein republikanische Regierung, die sich durch eine Vermögenssteuer erhält (...)“[28].

28 Schweizerisch für: Gerichtspraktikant.

28 Brief vom 20. November 1836 an die Familie. In: Bergemann, S. 443.

Bauern müssen huldigen

Die Jubelchöre zur **Heirat des Erbgroßherzogs Ludwig von Hessen mit Ihrer Königlichen Hoheit Mathilde von Bayern** am 10. Januar 1834 haben für *Leonce und Lena* Pate gestanden[29] für die satirische Szene, in der die Bauern zum Huldigen dressiert werden (3. Akt, 2. Szene). Hier findet sich auch ein Beleg dafür, wie Büchner seinen *Hessischen Landboten* umsetzte. Dass die Bauern bei Gelegenheit der Huldigung wenigstens einmal im „Leben einen Braten" (R 71/HL 51) riechen werden, findet sich fast wörtlich wieder im *Landboten*: Die Bauernkinder können „das Tischtuch sehen, wovon die Herren speisen, und die Lampen riechen, aus denen man mit dem Fett der Bauern illuminiert"[30]. Provozierend dürften auch die Briefe auf Büchner gewirkt haben, die sein Freund Eugène Boeckel (1811–96) von einer Studienreise sandte. Von einer Wein-, Hotel- und Kunstebene blickend, fand Boeckel zunehmend „Gefallen an der bestehenden absolutistischen Ordnung"[31]. Büchner antwortete auf Boeckels Brief mit Schärfe: „Ich meine, (...) die Tour durch unsere deutschen Staaten müsste einem (!) ganz wütend machen."[32] Nicht zuletzt kann der Einfluss des Vaters auf die Berufswahl, dessen Widerspruch gegen die Braut Minna Jaeglé und die väterliche Aufsicht eine Rolle für das Stück gespielt haben, ohne dass diese **persönlichen Gründe** jedoch bei der Interpretation überbewertet werden sollten.[33]

Büchners Wut auf absolutistische Ordnung

Fülle literarischer Anleihen

Literarische Entsprechungen und Anleihen, die sich im Text finden, sind oft aufgelistet worden.[34] Das Stück ist mit zahlreichen literarischen Vorlagen oder Textauszügen in Verbindung gebracht

29 Nach Thomas Michael Mayer: *Büchner-Chronik*. In: Arnold I/II, S. 371.

30 Büchner: *Der Hessische Landbote*. In: Bergemann, S. 357.

31 Loch, S. 303; vgl. Brief Boeckels an Büchner vom 15. Mai 1836. In: Bergemann, S. 562 ff.

32 Brief an Eugen Boeckel vom 1. Juni 1836. In: Bergemann, S. 438.

33 Vgl. Seidel, S. 127.

34 Büchners Alter und seine Beschäftigungen legen nahe, dass er kaum kennen oder gar gelesen haben konnte, was man ihm unterstellt. Vgl. Th. M. Mayer: *Büchner-Chronik*. In: Georg Büchner I/II, S. 412. Vgl. auch: Hinderer, S. 133 ; Dedner 2001, S. 155 ff. und Henri Plard, in: Martens 1965, S. 289–304.

worden: von der *Bibel* über Homer bis zu Cervantes und Shakespeare, von Platen und Heine bis Jean Paul usw.[35] Ausgewählte Bezugstexte sind:

Das romantische Lustspiel und romantische Literatur

Clemens Brentanos schon erwähntes Stück *Ponce de Leon* (1804), Ludwig Tiecks Komödie *Gestiefelter Kater* (1797), Lustspiel *Prinz Zerbino oder die Reise nach dem guten Geschmack* (1799) und Briefroman *William Lovell* (1795/96), Alfred de Mussets Oper *Fantasio* (1834) und andere Werke werden als Vorbilder Büchners genannt. Auch die *Nachtwachen* (1804) des Bonaventura – einer „der wichtigsten Bezugstexte"[36] – gehören dazu.[37]

Literarisches Zitat als ästhetisches Bauprinzip

Die Reihe der adaptierten Texte bestätigt: „Das ‚literarische Zitat' ist das entscheidende ästhetische Bauprinzip von Büchners Lustspiel."[38] Es geht aber neben den Zitaten bei Büchner stets auch um Verweise auf philosophische, literarische und politische Inhalte, die zu einem geistigen Spiel zusammengesetzt, aufgehoben und getrennt werden können. In **Brentanos Lustspiel *Ponce de Leon*** (1804) finden am Ende vier Paare ihr Glück. Valerio, Valerias Vater, betreibt ihre Verbindung mit seinem Findelsohn Porporino, Ponce de Leon verliebt sich in ein Bild, ehe er Isidora zur Frau nimmt. Intrigen, Maskierungen, falsche Identitäten füllen die Handlung, die ihre Ähnlichkeit mit Shakespeares Rollentauschstücken, besonders deutlich mit *Wie es euch gefällt*, nicht verheimlicht. Büchners Lustspiel verwendet Namen und Szenenelemente aus Brentanos Stück. Auch bei den Sprachspielen hat er sich wohl von Brentano inspirieren lassen. Es trug

Intrigen, Maskierungen, Rollentausch

---

35 Vgl. Hauschild 1997, S. 665 f.

36 Wohlfahrt, S. 113.

37 Für den Dramatiker Peter Hacks (1928–2003) war Georg Büchners Stück nur ein Anlass für Spott und Hohn, „von nichts ein Anfang ... nicht einmal der Anfang vom Ende". Büchners Genialität störte seinen eigenen Anspruch. *Leonce und Lena* war deshalb für ihn nichts anderes als Tiecks „Jugenddrama Zerbino in neuer Gestalt" Peter Hacks: *Die Maßgaben der Kunst. Gesammelte Aufsätze 1959–1994.* Hamburg 1996, S. 344.

38 Hauschild 1992, S. 108. – Die These geht auf Hinderer, S. 133 zurück und wurde seither vielfach mit Material unterlegt.

zuerst den an Shakespeare anklingenden Titel *Lasst es euch gefallen*, den Valerio am Schluss von Brentanos Stück formuliert. **Figurennamen** in beiden Stücken – Valerio x Valerio; Ponce de Leon x Leon – und das Automaten-Motiv stimmen ebenso überein wie die gesellschaftskritische Tendenz; in der satirischen Schärfe unterscheiden sich die Werke aber: Brentanos Stück war ein Lustspiel über Bürger. Die Romantik sah in allen Bürgern Philister, „die von aufklärerischem und utilitaristischem Denken geprägt sind. Gegentyp ist der ‚poetische' fantasievolle Mensch, der Sinn für die nicht-rationalen Elemente des Lebens hat, der schöpferisch und ‚romantisch' ist."[39] Büchners Stück ist eine kritikreiche Parodie, die sich zuerst gegen den Absolutismus richtet.

Selbstgewählte Narrenrolle

Auch **Mussets *Fantasio***[40] diente als Vorlage für Büchner. Fantasio ist ein bürgerlicher Valerio, der in die Rolle des Narren eintritt. Er sieht wie Leonce seine Chance in einem Figurentausch: „Könnte ich der Herr dort sein, der vorüber geht!"[41] Der Tausch gelingt; Fantasio tritt in die Rolle des verstorbenen Narren ein und wird von der Prinzessin in seinem Narrenkostüm akzeptiert. Büchners *Leonce und Lena* weist bis in idiomatische Folgen Ähnlichkeiten auf: „Wie aus Bilderbüchern herausgeschnitten, so erscheinen König, Prinz, Prinzessin und ihr Hofstaat. Humoristisch ironisierend springt der Dichter mit ihnen um, sie leise und fröhlich karikierend."[42] Büchner fühlte sich von Mussets Werken angezogen und beeinflusst, besonders von den „Charaktere(n), wenn auch ausgeschnitzte"[43]. Wenn Büchner die Charaktere Mussets für „ausgeschnitzte" hielt, dann entspricht das treffend

---

39 Hartwig Schultz: *Schwarzer Schmetterling. Zwanzig Kapitel aus dem Leben des romantischen Dichters Clemens Brentano.* Berlin: Berlin Verlag, 2000, S. 77.

40 Vgl. Henri Plard: *Gedanken zu ‚Leonce und Lena'*. In: Martens 1965, S. 289 ff.: Über thematische und stimmungsmäßige Entsprechungen zwischen den Stücken Mussets und Büchners hinaus weist Plard „wörtliche Entlehnungen" aus (S. 290 ff.).

41 Alfred de Musset: *Fantasio*. In: ders.: Gesammelte Werke in fünf Bänden, Bd. 3. München: Georg Müller, 1925, S. 227.

42 Walter Küchler: *Französische Romantik.* Heidelberg 1908, S. 87.

43 Gutzkows Nachruf, in Bergemann, S. 629.

der Anlage seiner Gestalten: Sie sind wie Marionetten **auf Grundhaltungen reduziert**.

Volksdichtung

Neben den Bühnenstücken gehört die Volksdichtung zu den romantischen Mustern. Die zeitgenössische Vorliebe zu Märchen und Volksliedern, Gedichten und Sprüchen zeigt sich auch in *Leonce und Lena* und wird durch das von Adelbert von Chamisso (1781–1838) gewählte Motto aus dem Gedicht *Die Blinde* (1834) unterstrichen (R 60/HL 42): In diesen Texten finden sich die eigenen Erinnerungen des Dramatikers wieder.

Die Werke William Shakespeares

Shakespeares Narrenfiguren

Büchner betrachtete Shakespeare als einzigen Dichter, der Geschichte und Natur gerecht zu werden vermöge.[44] Seine Leidenschaft für Shakespeare hatte auch den Freundeskreis erfasst.[45] Zitate aus Shakespeares Stücken *Sommernachtstraum, Was ihr wollt, Viel Lärm um nichts* und *Wie es euch gefällt* wurden in die eigenen Werke eingebaut, Strukturen der Werke wurden übernommen. Auch Büchners Lustspiel hat davon profitiert. Valerio ist den Narren Shakespeares ähnlich, besonders dem Lord Jacques aus *Wie es euch gefällt*, weist aber auch Unterschiede auf: Nirgends ist Valerio wie Shakespeares Narren mit dem einfachen Volk verbunden; er ist **Verbündeter der Macht**, und sein Wirken ist nicht auf die Veränderung der sinnlos gewordenen Ordnung gerichtet, sondern wird am Ende Teil dieser Ordnung.

Die Commedia dell' arte

Typen und Muster

Die Typen des volkstümlichen Lustspiels – einfältiger Mensch = Pantalone, uninteressierter Prinz, blumenhafte Braut und geistig reger Diener = Arlecchino, Pulcinello – weisen auf diese Tradition; die Typen waren maskiert. Besonders gepflegt wurde dieser Typ von Carlo Gozzi (vgl. Kap. 3.3 dieser Erläuterung). Die

---

44 Vgl. Brief an Gutzkow vom 21. Februar 1835. In: Bergemann, S. 412.

45 Vgl. die Mitteilungen Ludwig Wilhelm Lucks aus Schul- und Universitätszeit. In: Bergemann, S. 589 f.

Verwicklung der geplanten Hochzeit entspricht Mustern dieser **italienischen Stegreifkomödie**, die während des Spiels immer neu nach einem vorliegenden Szenarium erfunden wurde.

Goethes *Faust, Werther* und *Der Triumph der Empfindsamkeit* (1787)

Satire auf Empfindsamkeit

Auch Goethes *Faust* ist in Büchners Stück präsent (vgl. Kap. 3.2 dieser Erläuterung). Der Grundeinfall zu Goethes dramatischer Grille *Triumph der Empfindsamkeit* (1777) kam aus Gozzis Märchen *Die Liebe zu den drei Orangen* (1761): Ein **Prinz verfällt der Hypochondrie** und pathetischen Übersteigerungen, ehe er **durch Heiterkeit geheilt** wird. Goethe schrieb die Satire auf seine eigene Empfindsamkeit, hatte er die Stufe seines Romans *Die Leiden des jungen Werther* doch schon wenige Jahre später überwunden. Die Generation um 1820 dagegen sah im *Werther* immer noch die eigene Situation. – Büchner könnte von Figurenkonstellationen, Handlung und Details des *Triumphs* inspiriert worden sein. Goethes Prinz Oronaro ähnelt Büchners Leonce, der Kavalier Merkulo Valerio, Mandantes Puppenebenbild Lena. Das Puppenebenbild verweist auf Valerios Verwandlung von Leonce und Lena in Automaten. In beiden Texten wird Nero nicht als „böser Kaiser" beschrieben, was üblich wäre, sondern als „ein exzellenter Schauspieler" (Goethe)[46] und schauspielernde Leonce-Entsprechung (R 52/HL 36). Leonce' Traditionsbewusstsein reicht bis zu den römischen Cäsaren zurück. Sie verbindet grausame Macht mit Melancholie, um Müßiggang zu genießen.

Werther-Kleidung für Valerio

Zu den empfindsamen Büchern jener Zeit gehört Goethes Roman *Die Leiden des jungen Werther*. Leonce beklagt sich, Valerio habe ihn in variierter Werther-Tracht (blaue Hose statt blauer Frack) „um den schönsten Selbstmord gebracht" (R 68/HL 49). – Leonces Ideal ist eine Frau, „unendlich schön und unendlich

---

46 Goethe: *Der Triumph der Empfindsamkeit*. In: ders.: Poetische Werke. Berliner Ausgabe, Bd. 5. Berlin und Weimar: Aufbau-Verlag, S. 356.

geistlos" (R 61/HL 42). Für ein solches Ideal steht die Puppe in Goethes Stück: „eine ausgestopfte Nebenbuhlerin", schön, aber leblos.[47] Historisiert entspricht die Puppe einer Karikatur des klassischen Schönheitsideals.

E. T. A. Hoffmanns *Der Sandmann* aus den *Nachtstücken* (1817) und anderes

Kater Murrs Suche nach dem Ich

Büchner kannte Hoffmanns Werke gut; er las sie gemeinsam mit seiner Verlobten.[48] Auch in ihrem Briefwechsel spielte er eine Rolle.[49] Die von Hoffmann ausgehenden Anregungen betreffen viele Einzelheiten und erscheinen so umfangreich wie bei keinem anderen Werk. Hoffmanns Fürst Irenäus kann von seinem Schloss aus „seine sämtlichen Staaten (...) übersehen"[50] wie König Peter (R 73/HL 52). Dieser Irenäus stellt wie Büchners Peter und Leonce fest, dass an kleinen Höfen sich der „Höllengeist der Langenweile"[51] einniste. Hoffmanns Kater Murr denkt ähnlich intensiv über sein Ich nach wie Büchners König Peter: „(...) mein Ich meinem Ich entfremdend, doch mein eigentliches Ich schien"[52]. Büchners Jacques nach Shakespeares *Wie es euch gefällt* wird auch bei Hoffmann zitiert[53] usw. Auch Leonce und Lena, die heiraten sollen, ohne sich zu kennen, finden eine Parallele in dem Paar des Prinzen Hektor und der Prinzessin Hedwiga[54], bis in die Alliteration der Namen (2 x L, 2 x H) hinein.

Automat Olimpia

Die Automatenszene in *Der Sandmann* ragt heraus: Hoffmanns Automat Olimpia strahlt Liebe und Sehnsucht aus, mit der er Nathanael so entflammt, dass dieser seine Geliebte Klara umbringen

---

47 Ebd., S. 379.

48 Roland Borgards/Harald Neumeyer (Hrsg.): *Büchner-Handbuch. Leben – Werk – Wirkung.* Sonderausgabe. Stuttgart Weimar 2015, S. 30.

49 Vgl. Brief an die Braut vom März 1834. In: Bergemann, S. 401 und 690 f.

50 E. T. A. Hoffmann: *Lebensansichten des Katers Murr.* In: ders.: Poetische Werke. Berlin (Ost): Aufbau Verlag, 1963, 5. Bd., S. 169.

51 Ebd., S. 176.

52 Ebd., S. 181.

53 Vgl. ebd., S. 188.

54 Vgl. ebd., S. 337.

will. Diese Lieblingsgestalt Hoffmanns, der Automat oder die für einen Menschen gehaltene Puppe, war in der Literatur verbreitet: Sie fand sich in Gozzis Märchenspielen (*Fiabe*), in Goethes *Triumph der Empfindsamkeit* und in Jean Pauls *Auswahl aus des Teufels Papieren* (1789). – Den Namen Pipi gibt es auch in Hoffmanns *Fantasiestücke in Callots Manier* (1814): Eingefügt in die *Nachricht von einem gebildeten jungen Mann* ist das *Schreiben Milos, eines gebildeten Affen, an seine Freundin Pipi in Nord-Amerika*. Milo und Pipi sind Affen, die in Gefangenschaft gerieten und dort Menschenähnlichkeit anstrebten. Der unvollendet gebliebene Doppelroman *Lebensansichten des Katers Murr* (1819/21) weist eine weitere Beziehung aus: Büchners Liebespaar Leonce und Lena hat dort eine Entsprechung im ähnlich unbedarften Prinzen Hektor und der Prinzessin Hedwiga, die wegen des Machterhalts und des Reichtums heiraten sollen.

3.2 Inhaltsangabe

Zusammenfassung

- Das Stück weist vor Handlungsbeginn mehrere einführende Elemente aus. Danach folgen drei Akte.
- 1. Akt: Leonce vom Reiche Popo und Lena vom Reiche Pipi kennen sich nicht, sind aber einander für die Ehe versprochen. Der versuchen sie zu entgehen, indem sie aus ihren Schlössern fliehen, Leonce mit dem umtriebigen Valerio, Lena mit ihrer Gouvernante.
- 2. Akt: Beide treffen sich zufällig in einem Wirtshaus und verlieben sich ineinander
- 3. Akt: Sie ziehen gemeinsam auf Leonce' Schloss. Valerio verspricht, sie miteinander zu verheiraten, und erreicht das, indem er im Schloss des Reiches Popo beide, als Automaten verkleidet, trauen lässt. König Peter übergibt die Geschäfte nach der Demaskierung an seinen Sohn Leonce; Valerio übernimmt die Staatsgeschäfte und verbietet als erste Amtshandlung die Arbeit. Leonce und Lena werden in einem ewigen Sommer leben und nur noch spielen, alle gemeinsam das Land zeit- und geschichtslos machen.

Einführung

Ironische Brechung wichtiger als Handlung

„Leonce und Lena to go“

Nach dem Titel, der durch den Namen *Leonce* Parallelen zu Clemens Brentanos *Ponce de Leon* (1804) und George Sands *Leone Leoni* (1834) aufweist, steht die *Vorrede*, bestehend aus zwei Fragen gegensätzlicher italienischer Dichter. Sie stammen aus den *Briefen eines Reisenden* der französischen Schriftstellerin George Sand und waren innerhalb der einflussreichen und verbreiteten Zeitschrift *Revue des Deux Mondes* im Juliheft 1834 als 2. Brief erschienen. Büchner gab mit der *Vorrede* einen wichtigen Hinweis auf die Funktion seines Lustspiels (vgl. S. 34 ff. dieser Erläuterung). – Mit einem Shakespeare-Motto vor dem ersten Akt aus dem Theaterstück *Wie es euch gefällt* gibt er einen weiteren Hinweis. Büchner sah sein Lustspiel in der Tradition einer sozial geprägten Commedia dell' Arte, die den Hunger erinnert und nicht nur dem Ruhm dient, und den Theaterstücken Shakespeares.

Erster Akt

Erste Szene

Müßiggang und Langeweile

Der Prinz Leonce, Sohn des Königs Peter, lehnt alles ab, da er sinnlos seine Zeit vertreibt: mit Spucken, Sandkörner zählen. Er reflektiert über Müßiggang und Langeweile („Sie studieren aus Langeweile, sie beten aus Langeweile [...]", R 44/HL 30). In dem Lebenskünstler Valerio trifft ein Gleichgesinnter ein, der jedoch den sinnlichen Genüssen gegenüber aufgeschlossen ist. (In einem Paralipomenon [Ergänzung, Rest, Randbemerkung]) zu dem Stück singt Valerio einen Vers aus dem *Lied von der Wirtin an der Lahn*. Die Strophe singt auch Andres in Büchners *Woyzeck*: „Frau Wirtin hat 'ne brave Magd, / Sie sitzt im Garten Tag und Nacht. / Sie sitzt in ihrem Garten. / Bis dass das Glöcklein zwölfe schlägt, / Und passt auf die Solda-a-ten."[55]) Müßiggang, Spiel und kriminelles Handeln sind alltägliche Werte. Valerio weiß um die Fragwürdigkeit solchen Lebens und sieht im Narren eine Möglichkeit, ein solches Leben zu leben, sich von ihm aber gleichzeitig kritisch distanzieren zu können. Gleichzeitig erinnert er an die Fortdauer solchen Lebens, wenn er Leonce auf einen (von Leonce zu zeugenden) Erbprinzen anspricht („ ...ich bin um einen Erbprinzen verlegen", R 46/HL 31).

Zweite Szene

Anspruch und Wirklichkeit

König Peter wird angekleidet. Dabei versucht er, ein angemessenes Bild eines Königs zu entwickeln, ehe der Staatsrat eintrifft, und scheitert. Der Widerspruch zwischen hohem Anspruch und profaner Wirklichkeit zeigt sich, als er sein Geschlechtsteil zur zentralen philosophischen Kategorie macht: „(...) meine

---

55 Paralipomena: *Leonce und Lena*. In: Bergemann, S. 503.

Hose? – Halt, pfui! Der freie Wille steht da vorn ganz offen.“ (R 47/HL 32) Ein Knopf im Taschentuch erinnert ihn an sein vergessenes Volk und den Staatsrat, vor dem er die Eheschließung seines Sohnes mit der Prinzessin vom Reiche Pipi erklärt „oder nicht“ (R 48/HL 33).

Dritte Szene

Verabschiedung einer Mätresse

Leonce' Beziehung zu der Tänzerin Rosetta, seiner Mätresse, scheitert an Langeweile. Leonce verabschiedet Rosetta. – In einem Monolog, bei dem Leonce Redner und Zuhörer ist, erkennt er Sinn- und Trostlosigkeit seines inhaltsleeren Lebens („Mein Leben gähnt mich an wie ein großer weißer Bogen Papier (...)“, R 52/HL 36[56]). Er erkennt das als Strafe. Valerio hat dem Monolog unbemerkt zugehört und sieht Leonce auf dem besten Wege, selbst zum Narren zu werden. – Am nächsten Tag soll Leonce' Braut Lena ankommen. Bei der Vermählung werde Leonce zudem König. Valerio spricht über Leonce' Zukunft, könne er doch als König „aus ordentlichen Menschen ordentliche Soldaten ausschneiden“, „schwarze Fräcke und weiße Halsbinden zu Staatsdienern“ machen, Menschen also zu Automaten wandeln (R 56/HL 39 f.). Valerio fällt ein, den Weg deutscher Künstler nach Italien zu gehen.

Vierte Szene

Eine Braut flüchtet

Lena in einem Garten, vermutlich schon an einem abseitigen Ort im Reich Popo, denn sie ist im Brautschmuck, den sie nicht zu Hause anlegen würde, will keinen Mann heiraten, den sie nicht kennt. In uralten Leidensbildern (Opferlamm, Priester mit Messer), die im Lamm Gottes ihren Höhepunkt finden (Heiland, Dornenkrone u. a.), sieht sie Entsprechungen zu ihrem Schicksal.

---

56 Die gleiche Formulierung wählt Büchner über seinen eigenen Zustand in einem Brief, als er mit der Arbeit an dem Stück beginnt: Er werde sich „Rock und Hosen aus meinen großen weißen Papierbogen, die ich vollschmieren soll, schneiden.“ Ebd., S. 437.

Nina Hoss als Lena und Angela Schmid als Gouvernante in einer Robert-Wilson-Inszenierung des Berliner Ensembles 2003 © picture-alliance / dpa | Stephanie Pilick

Ihre Gouvernante hat aber „so etwas im Kopf" (R 59/HL 41), nämlich eine Rettung durch Flucht.

Zweiter Akt

Erste Szene

Reise durch viele Mini-Länder

Leonce und Valerio sind auf der Flucht vor der Eheschließung durch viele winzige Länder gekommen. (HL 43: Nur in diesem Abdruck wollen zwei Polizeidiener Valerio und Leonce verhaften. Da sie aber das gleiche Denken wie König Peter anwenden, finden sie aus der tautologischen Verwirrung nicht heraus: Weil der Steckbrief nur einen Menschen betrifft, sie aber zwei vor sich haben, ist er nicht anwendbar und sie verschwinden.) Das

Land, das die Flüchtenden gerade betreten, beschreibt Valerio am Beispiel einer Zwiebel: Unter den Schalen bleibt nichts.

Zuflucht in einem Wirtshaus

Während beide in einem Wirtshaus Zuflucht suchen, kommen Lena und ihre Gouvernante, ebenfalls auf der Flucht vor der Eheschließung, dort an. Lena ist begeistert von der Welt außerhalb der bisherigen Mauern, die völlig anders ist als die in ihren Büchern. Die Gouvernante vergleicht Lena mit Odilia, der Schutzpatronin des Elsass.

Zweite Szene

Begegnung zweier verwandter Seelen

Valerio genießt das Leben im und um das Wirtshaus. Man hat die Kleidung des Prinzen für Wein verkauft. Leonce ist wie Lena von der Welt außerhalb des Schlosses überrascht. Der Prinz will mit seinem Denken – es ist ebenfalls eine Variante des Systems von König Peter, ein Denken ohne Inhalte – der fremden Welt gerecht werden; er gelangt so zum Selbstmitleid. Valerio setzt die Realität des Wirtshauses dagegen: Wein soll überzeugen; sie seien Spielkarten in den Händen Gottes und des Teufels – vergleichbar der Wettsituation in Goethes *Faust*. Zu dem Spiel fehle nur „eine schöne Dame" (R 64/HL 46). Da kommen die Prinzessin und die Gouvernante (R 64/HL 46). Valerio und die Gouvernante geraten aneinander. Nach wenigen Worten Lenas erkennt Leonce in ihrer Melancholie eine verwandte Seele. Beide überlassen sich dem Spiel mit „der Weg so lang" und „müde"; beides sind Todesmetaphern. Damit haben die Hauptfiguren ihren Zustand treffend beschrieben. Für Valerio ist Leonce bereits ein Narr.

Dritte Szene

Garten-Idylle

Lena denkt an den Prinzen und ahnt, dass Menschen allein durch ihr Dasein unglücklich sein können. Sie will in den Garten, wo sie die Romantik der Nacht sucht: „Ich brauche Tau und Nachtluft wie die Blumen" (R 66/HL 47).

Vierte Szene

Gemeinsame Todessehnsucht

Valerio sucht im Garten sein Bett. Leonce trifft auf Lena, die den Mond bewundert. In einem schwermütigen Traumgespräch über Nacht, Tod und Leichen küsst Leonce sie als „Todesengel" (R 68/HL 48). Beide sind todessüchtig, Lena entzieht sich ihm. Leonce glaubt den erfüllten Augenblick zu erleben und will Selbstmord begehen. Valerio verhindert das; die Parodie zu Fausts Tod und Erlösung ist perfekt: Keine himmlische Erlösung, sondern es wird pragmatisch. Wegen der Flöhe im Wirtshaus soll Leonce im Freien schlafen. Leonce trauert dem missglückten „schönsten Selbstmord" (R 68/HL 49) nach. Valerio aber ist glücklich, hat er doch ein Menschenleben gerettet.

Dritter Akt

Erste Szene

Leonce' Entschluss

Leonce will das unbekannte Mädchen, von dem er glaubt, dass „sie mich liebt" (R 70/HL 50), heiraten, obwohl sie sich nicht kennen. Valerio wird das beim König durchsetzen, wenn er dafür Staatsminister sein darf. Leonce verspricht es ihm.

Zweite Szene

Antritt der Jubel-Bauern

Die Bauern, Untertanen des Königs Peter, sind zur Huldigung des angekündigten Brautpaares vor dem Schloss angetreten. Der Schulmeister drillt sie im Beisein des Landrats zum „Vivat"-Rufen. Die Bauern können vor Leiden, Schwäche und Hunger kaum stehen. Der Dank des Hofes für die Huldigung wird sein, dass sie den Bratenduft der Küche riechen werden (vgl. S. 74 f. dieser Erläuterung).

Dritte Szene

Eine Hochzeit ohne Braut und Bräutigam?

Der Zeremonienmeister jammert über die unnützen Hochzeitsvorbereitungen, denn das Fest kann nicht stattfinden, weil das Brautpaar fehlt. – König Peter erfährt, dass Prinz und Prinzessin verschwunden sind. Da die Hochzeit aber von ihm festgelegt wurde und er beschlossen hatte, sich zu freuen, will er sie auch feiern. – Valerio, Leonce, Lena und die Gouvernante erscheinen maskiert. Valerio stellt sich in wechselnden Identitäten vor. Dann stellt er Leonce und Lena als Automaten vor, die dem Menschen entsprechen. Sie seien ineinander verliebt, nur der amtliche Segen stehe aus. König Peter will die beiden in effigie, also statt des Brautpaares, bildlich für dieses trauen. Der Hofprediger vollzieht die Trauung. Bei der Demaskierung erkennen Leonce und Lena, dass sie betrogen wurden: Sie glaubten vergeblich an ihre freie Entscheidung. König Peter erkennt, dass die Stellvertreter die ursprünglich vorgesehenen Partner sind, und übergibt die Regierung wie vorgesehen an Leonce. Der kündigt an, am kommenden Tag „in aller Ruhe und Gemütlichkeit den Spaß noch einmal von vorn(e)" anfangen zu wollen (R 79/HL 56).

Abschaffung der Arbeit

Der neue Staatsminister Valerio bestätigt die Ordnung und schaltet das aus, was den Menschen zum Menschen macht: die Arbeit. Die menschliche Entwicklung, die mit der Vertreibung aus dem Paradies in alttestamentarischer Zeit begonnen hat, wird durch die „Flucht in das Paradies" (R 78/HL 56), allerdings in die Parodie eines Paradieses, abgeschlossen. Will man die Arbeit begreifen, um die es Büchner dabei geht, muss man zum *Hessischen Landboten* greifen.

3.3 Aufbau

Zusammenfassung

- Es handelt sich um ein Lustspiel, das linear aristotelisch gebaut ist und Versatzstücke – vom Titel über Mottos bis zu Textbausteinen – bekannter Werke verwendet.
- Das Lustspiel erweist sich als überschaubar konstruiert, im Detail bedarf es zum Verständnis genauer Kenntnis zeitgenössischer Literatur und Philosophie, da es diese als bekannt voraussetzt und mit dieser Grundlage ironisch, satirisch und teils sogar kabarettistisch ein dramatisches Spiel treibt, was zu einem hohen künstlerischen Anspruch führt, der politisch und sozial begründet ist.

Die aristotelische Struktur

Klassischer Aufbau

Büchners Stück hat aristotelisch-klassisch drei Akte, die nach dem **Prinzip des Dramendreiecks** gegliedert sind: Exposition und Entwicklung, Höhepunkt und Umschlag, fallende Handlung und Katastrophe. Schwierigkeiten ergeben sich aus den **vielfältigen literarischen Beziehungen** von Büchners Stück. Zum Beispiel ist es meist Satire oder Satyrspiel statt Lustspiel und kompliziert: „Das Stück ist Büchners einziger Dreiakter, scheinbar ein einfacher Bauplan – ‚doch voll verquerer kompositorischer Einzelheiten'."[57] Als klassisch gebautes dramatisches Werk bedient es die zu dieser Zeit übliche **Ständeklausel**, die besagte, dass in Trauerspielen die sozial hochstehenden Personen agieren durften, in Lustspielen dagegen auch einfache Schichten des Volkes. Aber Büchner nutzt die Ständeklausel dazu, um ihre Aufhebung zu gestalten: Leonce und Lena verlassen unabhängig voneinander die aristokratisch-feudalen Höhen, um in die Niederungen hinabzusteigen, um im Falle Leonce' ein „Narr" (R 52/HL 36, 39) sein zu wollen, aber

Ständeklausel und ihre Aufhebung

57 Benjamin Henrichs: *Das Märchen ist ganz musikalisch. Georg Büchners „Leonce und Lena" am Thalia Theater.* In: DIE ZEIT vom 23. April 1982.

dennoch König zu werden. Dafür steigt am Ende der Landstreicher Valerio zum „Staatsminister" (R 79/HL 57) auf und bereitet als erstes ein Dekret vor, nach dem es keine sozialen Unterschiede mehr geben darf, sondern alle hochgeboren sind.

Die dramaturgische Anlage

Die Handlung selbst ist schlicht und linear. Sie provoziert und man erkennt: Die Handlung macht wenig von der Bedeutung des Stückes aus, sondern die liegt in den ironischen Brechungen des umfangreich genutzten zeitgenössischen sprachlichen Materials aus Wissenschaft, Philosophie und Literatur.[58]

Mehr Satire als „Lustspiel"

Dieses Lustspiel vermittelt keine ungetrübte Heiterkeit und keine freundliche Lösung, sondern Büchner bietet Satire. Dass er sich des Begriffs „Lustspiel" bedient, geht auf die Ausschreibung zurück, die danach verlangte. Im Personenensemble (Prinz, Prinzessin, König, Narr u. a.) und in der **märchenhaften Struktur** einer Beziehung zweier Königskinder bediente Büchner sich des romantischen Lustspiels, um es durch satirische Mittel zu zerstören und ihm Harmonie und glückliche Lösungen zu nehmen. Das Stück wird so zur Satire und **Parodie des romantischen Lustspiels,** aber auch zum Abschluss einer modernen Tetralogie nach dem Vorbild der antiken griechischen Literatur: Drei Tragödien folgte ein Satyrspiel, das befreiend oder nur abschließend zu den Tragödien sein sollte.

Geschichte wiederholt sich nicht?

Hegel hatte dazu 1822 in Vorlesungen in Berlin eine Überlegung zur Geschichte geboten, in der er darstellte – am Beispiel Napoleons und anderer –, dass sich in der Geschichte alles zweimal abspiele: „Durch die Wiederholung wird das, was im Anfang nur als zufällig und möglich erschien, zu einem Wirklichen und

---

58 Die lineare Handlung wurde von Peter Hacks in einer „Fabel" parodiert: „Das Land hat einen Prinzen, der Prinz ist verrückt, und sein Papa, der König, sinnt auf Mittel für des Prinzen Genesung. Er stellt dem Prinzen ein Ziel, der Prinz macht sich, von einem Dienerclown begleitet, auf die Suche. Er reist eine Weile herum; anschließend erreicht er das Ziel und tritt, wie vorgesehen, das Erbe an. Seine erste Amtshandlung ist der Abbruch der Aufführung, und der Clown wird Minister." Peter Hacks: *Die Maßgaben der Kunst. Gesammelte Aufsätze 1959–1994.* Hamburg 1996, S. 344.

Bestätigten."[59] **Karl Marx** formulierte in seiner Schrift *Zur Kritik der Hegelschen Rechtsphilosophie* (1843): „Die Geschichte ist gründlich und macht viele Phasen durch, wenn sie eine alte Gestalt zu Grabe trägt. Die letzte Phase einer weltgeschichtlichen Gestalt ist ihre Komödie."[60] Dann wandte Marx diese Behauptung auf die Literatur über die Götter Griechenlands an, die bei Aischylos auf tragische Weise umgekommen seien, bei Lucian aber auf komische. Er verband diese Feststellung später in seinem Aufsatz *Der achtzehnte Brumaire des Louis Bonaparte* (1852) mit der antiken Ansicht vom Satyrspiel: „Hegel bemerkt irgendwo, dass alle großen weltgeschichtlichen Tatsachen und Personen sich sozusagen zweimal ereignen. Er hat vergessen hinzuzufügen: das eine Mal als Tragödie, das andere Mal als Farce."[61] Bei Büchner ist dieser Zusammenhang früher entstanden: Den historischen Stücken *Dantons Tod* und *Woyzeck*, die tragische Züge wie antike Stücke aufwiesen, sowie dem verschollenen Stück *Pietro Aretino*, das den durch seine Pamphlete und Satiren verschrienen Renaissancedichter behandelte, „Kurtisanenfreund und Fürstenplage"[62], folgte als Satyrspiel *Leonce und Lena*. Bei der Ausbildung in der Schule dürfte Büchner von den Tetralogien der Aischylos und Euripides gehört haben; bekannt waren ihm diejenigen Shakespeares (z. B. die York-Tetralogie, 1591–1593: *Heinrich IV*, 1.–3. und *Richard III.*)

Satyrspiel zu einer tragischen Trilogie

Der **Ort der Handlung** sind das Königreich Popo in einer stilisierten Welt sowie Fluchtorte (Wirtshaus, Garten); das Reich ist fiktiv wie auch das Reich Pipi, doch trägt es Züge eines deutschen Duodezfürstentums. Zu denken ist an das Großherzogtum

Fluchtorte

---

59 Georg Wilhelm Friedrich Hegel: *Vorlesungen über die Philosophie der Geschichte.* Leipzig 1924, S. 162.

60 Karl Marx: *Zur Kritik der Hegelschen Rechtsphilosophie.* In: Karl Marx/Friedrich Engels: Werke (MEW), Berlin 1981, Bd. 1, S. 382.

61 Karl Marx: *Der achtzehnte Brumaire des Louis Bonaparte.* In: Karl Marx/Friedrich Engels: Ausgewählte Schriften. Berlin 1963, Bd. 1, S. 226.

62 Klaus Thiele-Dohrmann gab seiner Abhandlung „Pietro Aretino und die Kunst der Enthüllung", Düsseldorf/Zürich 1998, diesen Titel.

Hessen, vor allem aber ist es eine Bloßstellung des Absolutismus und der Aristokratie.

Büchners Gegenwart

Die **Zeit der Handlung** ist nicht angegeben, aber es ist Büchners Gegenwart. Zwar waren 1815 etliche der kleinsten Fürstentümer beseitigt worden, und es hatte Gebietsveränderungen gegeben, dennoch war die deutsche Kleinstaaterei immer noch vorhanden. – Die gespielte Zeit des Stücks erstreckt sich aristotelisch **über einen Tag** (Einheit der Zeit): Leonce bekommt die Mitteilung, „auf morgen" (R 55/HL 38) werde die Braut erwartet. Es beginnt die Flucht. Zur vorgesehenen Zeit der Trauung kommt man im Schloss an.

Eine moderne Besonderheit des Stückes liegt in der perfekt errichteten **Symmetrie** zwischen Szenen, Personen und Abläufen (vgl. Kreislauf) und in der **Mischung zweier Dramaturgien**. König Peter verkündet Symmetrie als Prinzip seines Herrschens: „Kommen Sie, meine Herren! Geh(e)n Sie symmetrisch." (R 47/HL 33)

Epische Elemente

Die Dreiaktigkeit wird weitgehend durch Valerio organisiert – ein Merkmal der Dramatik Shakespeares, vergleichbar dem Thersites in *Troilus und Cressida* (1609): Valerio greift wie ein **Erzähler des epischen Theaters** in die Handlung ein. Narrenrollen werden in der Dramatik oft für Erzählerfunktionen genutzt wie der von Mephistopheles gespielte Narr in Goethes *Faust II*. Valerio stellt die vorgegebenen Situationen auf den Kopf: Zwar ist er der Narr, aber nicht dumm; die Dummheit liegt bei den Aristokraten. Valerio, der Leonce aus der Rolle des Thronfolgers ausbrechen sieht, entwickelt die Intrige, Prinz und Prinzessin trotz des Ausbruchs aus dem königlichen Plan in einer Ehe zu vereinen. Indem er sie aber gleichzeitig als Automaten vorführt und erklärt, wird er zu einem Kommentator des Geschehens wie im späteren epischen Theater, aber auf seine Hinweise hin agieren auch zumeist die Personen.

Funktion der Vorrede

Der **wichtigste dramaturgische Hinweis für das Verständnis** des Stückes ist die ***Vorrede***, die unterschiedliche Wirkungsweisen der Literatur andeutet: Vittorio Graf Alfieri (1749–1803) wollte mit seinen streng gebauten Tragödien das Volk frei und

DER DRAMATURGISCHE AUFBAU DES LUSTSPIELS

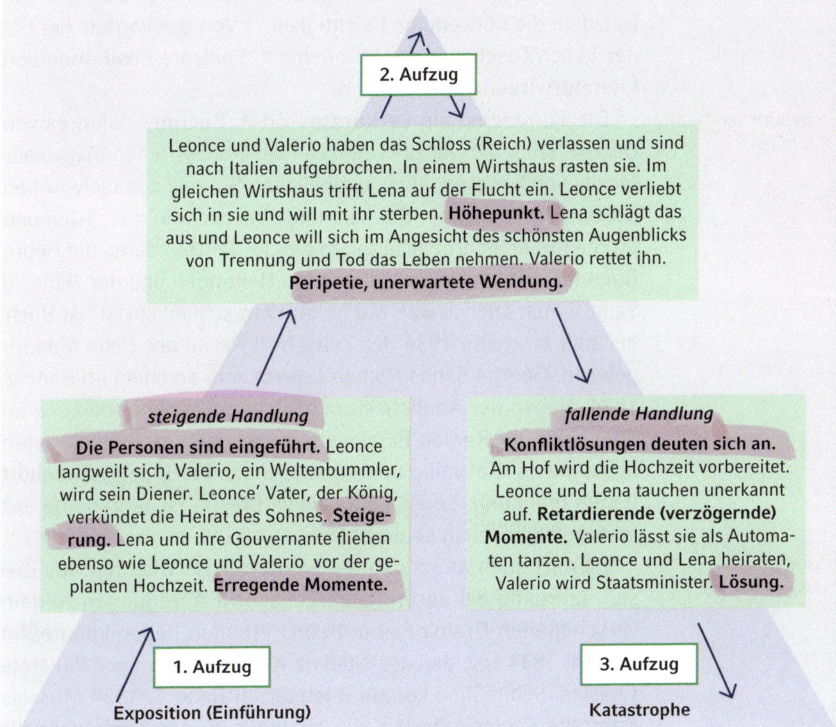

edel erziehen, seine Stücke sollten seine Landsleute aus ihrem politischen Schlummer wecken. Während der Französischen Revolution ging er trotz seines Adels nach Paris. Sein Schaffen zielte auf Ruhm. Deshalb führte Goethe Alfieris *Saul* in Karl Ludwig von Knebels Übersetzung 1811 in Weimar auf, die Romantiker standen ihm dagegen eher kühl gegenüber. Carlo Graf Gozzi (1720–1806) hatte den sinnentleerten Ruhm der Aristokratie zum

Thema gemacht und war dabei in die sozialen Niederungen hinabgestiegen, wo es Probleme gab wie den Hunger. Goethe sah trotzdem die notwendige Leichtigkeit.[63] Von der *Vorrede* her hat der Leser/Zuschauer die Möglichkeit, konträre Positionen von Literaturwirkung zu erkennen.

George Sands Einfluss

Die *Vorrede* ist ein **verkürztes Zitat**, Büchner nahm es von George Sand. Sie war die Urenkelin des französischen Marschalls Moritz von Sachsen, eines unehelichen Sohnes des sächsischen Kurfürsten August des Starken, und eine der erfolgreichsten und produktivsten Schriftstellerinnen des 19. Jahrhunderts, die Georg Büchner in ihren frühsozialistischen Haltungen und der Nähe zu Saint-Simon ähnlich war. Mit hoher Wahrscheinlichkeit hat Büchner den Jahrgang 1834 der Zeitschrift *Revue des Deux Mondes* gelesen. George Sands Roman *Leone Leoni* erschien im Band 2, 1834. Neben der Ähnlichkeit mit Büchners *Leonce und Lena* im Titel zeigt der Roman Parallelen wie die leidenschaftlich-natürliche, aber sozial völlig unerfahrene junge Frau, den Wunschort Italien (Venedig), Leone Leoni als verbrecherische Variante des müßiggängerischen Leonce u. a.

Anregungen für *Pietro Aretino*

Es darf auch angenommen werden, dass Büchner aus diesem Jahrgang der verbreiteten Zeitschrift Anregungen zu dem verschollenen Drama *Pietro Aretino* erhalten haben könnte: Im Band 4, 1834 erschien der 3-teilige Aufsatz *L'Aretin* von Philarète Chasles. Schließlich konnte Büchner im Band 1, 1834 Mussets Komödie *Fantasio* finden, die ebenfalls zu den Vorbildern für *Leonce und Lena* gerechnet wird. Für *Pietro Aretino* könnte er außerdem Anregungen durch seinen Freund August Stoeber, wie er frankophil, bekommen haben.[64] Alles in allem brachte das Jahr 1834 der Zeitschrift literarische Anregungen zum späteren Stück *Leonce und Lena.*

---

63 Goethe an Schiller am 12. August 1797: „Auf dem Theater (...) wäre in dem gegenwärtigen Augenblick manches zu tun, aber man müsste es leicht nehmen und in der Gozzischen Manier traktieren, doch es ist in keinem Sinne der Mühe wert." *Der Briefwechsel zwischen Schiller und Goethe*. Leipzig: Insel Verlag, 1964, 1. Band, S. 374.

64 Vgl. Bergemann, S. 650, Hauschild 1997, S. 736.

Ruhm vs. Hunger

George Sands *Brief eines Reisenden* erschien im Juliheft 1834 (Band 3) der *Revue des Deux Mondes*[65], im zweiten ihrer *Lettres d'un voyageur* (*Briefe eines Reisenden*). Sie hatte das Zitat mit den beiden Dichtern gegen ihre Kritiker geschrieben, „um ihnen an meinem Schreibtisch ein Ärgernis zu bereiten". „*Ma la fama*[66], sagt der stolze Alfieri. *Ma la fame*, antwortet Gozzi lustig."[67]: „Ruhm" mit Kunst und einem Dichter in Verbindung zu bringen, war legitim und schien selbstverständlich. „Ruhm" mit „Hunger" zu konfrontieren und als Alternative zu setzen war dagegen eine literarische Provokation, denn das war bisher nicht die Aufgabe der Kunst und Literatur gewesen. Aber es war nach der Julirevolution von 1830 und in der Vormärzzeit, in der solche Überlegungen auftauchten.

Wichtigkeit der Bezugstexte

Leonce und Lena ist ein Lustspiel, allerdings wurde es **gegründet auf Parodie** und repräsentiert damit einen neuen Komödientyp. Die herkömmlichen Vorstellungen, also Heiterkeit und unbeschwertes befreiendes Gelächter, erfüllen sich nicht, denn Büchners Heiterkeit ist aggressiv und aus „Hass"[68] gegen die Aristokratie geboren. Um die Parodien und damit das Lustspiel zu verstehen, bedarf es der Kenntnis zahlreicher Bezugstexte. **Hans Mayer** hat diese Bedeutung hervorgehoben: „Der erste Eindruck des Werks ist eher negativ. Alles in Büchners Lustspiel scheint aus zweiter, wenn nicht dritter Hand: Handlung, Stimmung, entlehnter Witz und ‚tiefere Bedeutung'."[69] Hans Mayer ist aber genau zu lesen: Nach einem ersten Eindruck gibt es einen zweiten anderen und „scheint" ist das Gegenteil von „ist".[70] In genauer Analyse kam Mayer zu dem Ergebnis, dass sich Büchner an die

---

65 Hauschild 1997, S. 667.

66 Im französischen Original steht hinter den Sätzen der Dichter jeweils ein Fragezeichen.

67 Georg Sand: *Briefe eines Reisenden.* In: Georg Sand: Sämtliche Werke. Mit einer kritischen Einleitung von Arnold Ruge. 45. Teil. Leipzig 1844, S. 87.

68 Vgl. Brief an die Familie vom Februar 1834. In: Bergemann, S. 399.

69 Mayer, *Georg Büchner und seine Zeit,* S. 306.

70 Jan Christoph Hauschild schrieb unverständlicherweise zu dem Hans Mayer-Zitat: „Man muss nicht, wie noch Hans Mayer, mit Bedauern konstatieren." Hauschild 1997, S. 664. An anderer Stelle (ebd., S. 667) hat Hauschild Mayers Interpretation zugestimmt und ihm eine „am schärfsten" formulierte Einschätzung des Lustspiels zugebilligt.

Gattung, das Lustspiel, und die „bewährten Elemente", die er bei Brentano und Tieck fand, gehalten, doch französische Elemente mit den deutschen gemischt habe. Diese stammten aus Alfred de Mussets *Fantasio*; dort finde man das Muster, besonders beim Vergleich der Figurenkonstellationen, der Gesellschafterinnen u. a. m. Die Gesellschafterin sei in beiden Fällen

> „eine romantische Schwärmerin, die nichts Rechtes zum Schwärmen findet, echtes Erzeugnis einer Romantik, die ihrer selbst überdrüssig geworden ist und ihre eigenen Kinder und Enkel mit scharfem und bösem Zahn anzunagen beginnt".[71]

Aus Hass geborene Satire

Indem jedoch das Lustspiel auf die Grundstimmung Büchners zurückgeführt wird und Fröhlichkeit bei ihm keinen Platz hat, denn zu groß ist seine Erbitterung über seine Gegenwart, „ist nicht fröhlicher Mutwillen oder heiter lächelnder Spott, sondern Hass"[72] die Haltung, aus der das Stück gespeist werde. Das führe insgesamt zur Satire. Auch an seine Familie schrieb Büchner, sein Spott sei „nicht der der Verachtung, sondern der des Hasses"[73]. Doch er glaubte zu seiner Zeit nicht „im Entferntesten (...) an die Möglichkeit einer politischen Umwälzung"[74], so sehr er sie auch für notwendig hielt.

Vorläufer des absurden Theaters?

Büchners Lustspiel wurde später auch als Vorläufer des absurden Theaters gesehen.[75] Es gab Inszenierungen, die „Büchner für einen entfernten Vorfahren Becketts" hielten.[76] Das Thema war ein sinnlos geführtes Leben, das einem unerkennbaren, ebenfalls sinnlosen Schicksal unterworfen war. Nur als Narr wie Valerio konnte man dem Leben einen Sinn geben: „Der Weg zum Nar-

---

71 Mayer, *Georg Büchner und seine Zeit*, S. 308.
72 Ebd., S. 312 f.
73 Brief an die Familie vom Februar 1834. In: Bergemann, S. 399.
74 Brief an den Bruder Wilhelm Büchner vom Juli 1835. In: ebd., S. 418.
75 Vgl. dazu Dedner 2001, S. 160 und Anm. 88.
76 Günther Cwojdrak: *Warten auf Büchner.* In: Die Weltbühne. Berlin 1978, Nr. 38, S. 1200. Es handelte sich um die Inszenierung Jürgen Goschs an der Berliner Volksbühne 1978.

renhaus ist nicht so lang; er ist leicht zu finden, ich kenne alle Fußpfade, alle Vizinalwege [Gemeindeweg, R. B.] und Chausseen dorthin" (R 66/HL 47). Büchners dramatische Figuren unterschieden sich von denen des absurden Theaters durch ihre ausgeprägten sozialen Merkmale, das interessierte **Bertolt Brecht**. Die geistige Nichtigkeit der Figuren entstand aus ihrer sozialen Herkunft. Büchner stellte eine bedeutungslos gewordene, sich selbst betrügende Gesellschaft vor, die sich im Kreise erschöpft bewegt. Das Lustspiel wirkt kaum über situationskomische Effekte, sondern der Zuschauer/Leser benötigt Hintergrundwissen politischer, sozialer und philosophischer Art zum Verständnis.

Das Stück als Kreislauf

Leerlaufende Handlung

Während die Dramaturgie des Stückes scheinbar einer Entwicklung folgt, hat die Handlung keine und **bewegt sich im Kreis** (Sinnbild des Leerlaufs). Mit der letzten Szene, Valerios Schilderung eines mit dem Schlaraffenland kombinierten Paradieses, wird die erste Szene, Leonces Monolog über Müßiggang und melancholisches Träumen, wieder erreicht. Der Müßiggang als Synonym zur Langeweile, als sinnlose Lebensführung verstanden, wird durch den Narren, nun in der Funktion des Staatsministers, bestätigt und sogar zur Staatsdoktrin erhoben: Beschreibt Leonce in der ersten Szene **Nichtarbeit als Arbeit**, so erklärt Valerio in der letzten Szene **Arbeit für strafbar**. Valerios beabsichtigtes Dekret am Schluss, wer arbeite, mache sich „kriminalistisch strafbar" (R 80/HL 57), wurde bereits in der Anfangsszene von Leonce gedacht: „Keine Schwiele schändet meine Hände" (R 46/HL 32). Es hat sich im Verlauf der Handlung nichts verändert: „(...) wer sich Schwielen in die Hände schafft (wird) unter Kuratel gestellt" (R 79 f./HL 57).

Die Szene 3.2

Beim Betrachten der Szenenfolge wird deutlich, dass die zweite Szene des dritten Akts (Bauern und Huldigungsprobe) aus der strukturellen Ordnung fällt und im planmäßigen Handlungsverlauf nicht verankert ist. Das weist auf ihre Besonderheit hin, da

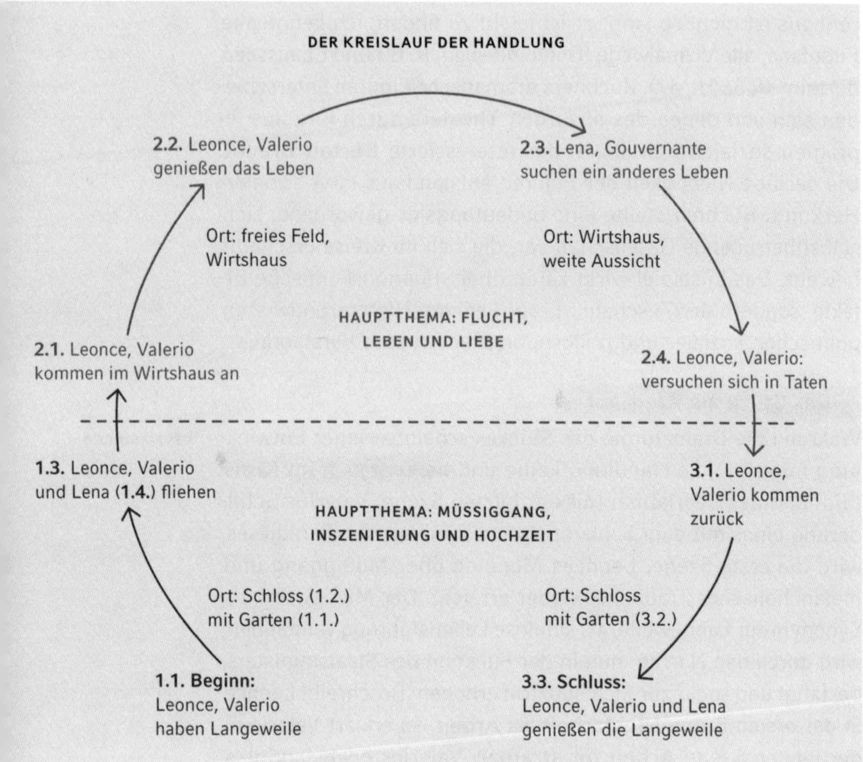

sie als einzige **den sozialen Widerspruch ausstellt**, auf dessen Grundlage sich die Handlung bewegt, der aber nur in dieser Szene und in der Vorrede angesprochen wird. „In ihrem Inhalt, ihrer Typologie, ihrer Stimmungslage und ihrem Ausdruckswert steht sie im Kontrast zu allen übrigen Szenen."[77] Die Bauern in Brentanos *Ponce de Leon* sind dagegen nicht individualisiert oder profiliert, sondern Komödientypen ohne soziale Prägungen.

---

77 Poschmann, S. 192.

3.4 Personenkonstellation und Charakteristiken

Zusammenfassung

Die Hauptpersonen sind
Leonce: Kronprinz von Popo, er versucht der Welt Popos und seinem Leben zu entfliehen und will ein Leben im Zeichen der romantischen Melancholie und Langeweile führen.
Lena: Prinzessin von Pipi, sie erscheint unverbildet, aber melancholisch und versucht sich in den Werten der klassischen Erziehung und eines natürlichen Lebens.
König Peter: Der Herrscher von Popo ist ein denkunfähiger Herrscher ohne Beziehung zur Außenwelt und ein gescheiterter Vertreter aufklärerischer Vernunft.
Valerio: Landstreicher, Narr und Partner von Leonce, Spielgestalter, Konfliktlöser. Er wird Staatsminister und erlässt ein Dekret zum Arbeitsverbot.
Rosetta: ist die Mätresse des Prinzen, die ihr Leben lebt. Sie bricht aus der Langeweile aus und lebt die Alternative zur höfischen Hierarchie.

Leonce

Gelangweilter Kronprinz

ist Kronprinz des Königreichs Popo und mit den Prinzipien des feudal-aristokratischen Hofes zu Müßiggang und Langeweile erzogen worden. Außerhalb seiner aristokratischen Welt entwickelt er normale Gefühle und Erkenntnisse. Die Vernunft und Gefühlsintensität werden zum Gegensatz der vorhandenen Ordnung in den Reichen Popo und Pipi. Leonce versucht, aus der Welt Popo zu entfliehen, und wählt als Vorbild die Romantiker, vor allem die Nazarener (um 1810 nach Italien auswandernde romantisch orientierte Künstler), deren Bildwelt er beschreibt: der große Pan, die ehernen Gestalten träumen im Schatten über den tiefrauschenden Wellen, der tiefblaue, glühende Äther usw. (R 57/HL 40).

Lena

Unverbildete Prinzessin

hat nur einen bescheidenen Anteil am szenischen Geschehen. Im 3. Akt spricht sie ganze sechs Worte. Allerdings sind ihre Reden frei von Formeln und Kalauern, ihre Sprache „ist ursprünglicher und spontaner Reflex, geboren aus der inneren Situation der Figur."[78] Sie wird von ihrem Auftritt an mit literarischen Anspielungen umgeben: Der für sie vorgesehene Mann erinnert die Gouvernante an Friedrich Schillers Don Carlos, Lena sieht sich wie die ursprüngliche Iphigenie Goethes (R 59/HL 41), über der „der Priester (...) schon das Messer" hebt. Sie vertritt die Klassik, aber ihre Erziehung geschah unter romantischen Vorzeichen: „Duft", „Blumen" (R 62/HL 44), und abgeschlossen hinter der „Mauer unseres Gartens" (R 62/HL 44) sind Kennzeichen des Vegetativen und Träumerischen.

König Peter

Ohne Bezug zur Außenwelt

Schon der erste Auftritt König Peters ist Satire: Er wird angekleidet. Anfangs nackt, entdeckt er einen Knopf im Taschentuch, weiß aber nicht, woran ihn dieser erinnern soll. An dieser geistigen Qualität ändert sich während des Ankleidens nichts, aber er wird zur „feierlichen" Person (R 48/HL 33). Peter erscheint niemals außerhalb seines Schlosses; eine Beziehung zur Außenwelt gibt es nicht. Unter dem Volk versteht er den Staatsrat.[79]

Dieser König ist ein letztes Überbleibsel einer gescheiterten Aufklärung und des Ideals eines aufgeklärten Fürsten. Sein Versuch, die Welt durch das Denken, also die Vernunft zu regieren, ist zur Karikatur verkommen; der aufklärerische Anspruch ist gescheitert.

---

78 Wohlfahrt, S. 138.
79 Vgl. ebd., S. 111.

Walter Schmidinger als alter König in einer Robert-Wilson-Inszenierung des Berliner Ensembles 2003

Valerio

Hofnarr als Motor der Handlung

ist Landstreicher, Hofnarr und Begleiter von Leonce. Dramaturgisch hält er die Fäden des Spiels in der Hand: Er setzt die Handlung in Gang, kennt die Konflikte und stellt eine ironische Lösung vor. Er ist Gestalten Shakespeares verwandt: Das betrifft sowohl die Gestalt selbst als auch ihre Funktion, die an den Thersites aus *Troilus und Cressida* erinnert (vgl. Kap. 3.3 dieser Erläuterung). Er befördert die abschließende Heirat und ironisiert dabei den vorhandenen Feudalabsolutismus, der von Langeweile und Müßiggang beherrscht wird. Das wird von ihm als Lebenssinn akzeptiert, aber gerade dadurch wird die Sinnlosigkeit dieses aristokratischen Lebens herausgestellt. Sein Weitblick lässt ihn die Ereignisse lenken. Valerio mutet wie eine Variation des Me-

LEONCE UND VALERIO

Leonces Welt des Hofes	→	**durch Valerio eintretende Veränderung**
Leonce langweilt sich.	→	Langeweile wird durch Spaß abgelöst.
vorgesehene Eheschließung	→	durch Flucht verhindert
Thronfolge	→	aufgehoben und zum Narren herabgestuft
Selbstbestimmung	→	vollständig negiert
Arbeit auch in Nichtarbeit	→	Arbeit grundsätzlich kriminalisiert
Beziehung zu Lena	→	in die Zufälligkeit verschoben
Beziehung zur Kurtisane	→	abgebrochen
individuelle Fähigkeit romantischer Gestaltung	→	Welt wird zum Spielplatz degradiert, Menschen zu Puppen und Spielzeug, Automaten dringen in die Menschenwelt vor.
↓		↓
Leonce wird König.		Der Narr wird Staatsminister.

phistopheles aus Goethes *Faust* an; ihm gelingt es jedoch, sein Opfer zu dem schönen Augenblick des Faust zu verführen. In einem Brief an Gutzkow schrieb Büchner, wenn man sich einbilden könne, „die Löcher in unsern Hosen seien Palastfenster, so könnte man schon wie ein König leben“[80]. Valerio läuft mit solchen Hosen herum und wird mit ihnen von Leonce als Partner angenommen (R 46/HL 31). Es ist das Kostüm des Narren. Der Narr ist am Ende der Einzige, der es zu etwas gebracht hat. Er ist Minister geworden. Er nimmt die Sinnlosigkeit an. Eine

80 Brief an Karl Gutzkow von 1835. In: Bergemann, S. 429.

produktive Anregung geht von ihm nicht aus, allenfalls hat er die heitere Genugtuung, diese Welt mit Narren zu füllen.

Rosetta

Mätresse mit Gefühl

ist Leonce' Mätresse und die einzige Person, die in Zeit und Raum lebt, Gefühle und Ansätze einer Biografie hat. Leonce und Rosetta reflektieren über Zeit und Liebe (R 49 f./HL 34 f.): „(...) wir können uns Zeit nehmen, uns zu lieben. – Oder die Zeit kann uns das Lieben nehmen. – Oder das Lieben uns die Zeit." Im Kreislauf der Langeweile hat sie keinen Platz. Indem sie Leonce als „Narr" bezeichnet, zerstört sie die höfische Hierarchie und verlässt den Hof.

3.5 Sachliche und sprachliche Erläuterungen

Seite	Begriff	Erläuterung
R 39/HL 27	**Leonce**	Der männliche Vorname, ursprünglich aus dem Griechischen, bedeutet „Löwe", er ist verbreitet in Griechenland, Spanien und Frankreich. Bekannt wurden Variationen des Namens in der zeitgenössischen Literatur bei George Sand (*Leone Leoni*) und Brentano (*Ponce de Leon*).
R 39/HL 27	**Lena**	Kurzform weiblicher Vornamen, besonders von Helena und Magdalena; Ableitung von Helios als „die Leuchtende"
R 39/HL 27	**Lustspiel**	Es ist eine Grundform der Dramatik. Seit Lessing beschäftigten sich die Dramatiker und Literaturtheoretiker mit der Schwierigkeit, dass deutsche Lustspiele zumeist provinziell erschienen. Den romantischen Lustspielen begegneten die Romantiker selbst zurückhaltend, denn „auf hundert Komödienzetteln wird der Name *romantisch* an rohe und verfehlte Erzeugnisse verschwendet und entweiht"[81].
R 39/HL 27	***Vorrede***	Jean Paul (1763–1825) verwendete Vorreden, zum Beispiel in seiner *Vorschule der Ästhetik* (1804), auch Arthur Schopenhauer in *Die Welt als Wille und Vorstellung* (1819). Insofern kann die *Vorrede* als philosophisch orientierende Rede Büchners an den Leser/Zuschauer verstanden werden.
R 39/HL 27	**Alfieri**	Vittorio A. (1749–1803) lehnte die Fürstenerziehung der Aufklärung ab, die Büchner für gescheitert hielt, und bekannte sich zur konstitutionellen Monarchie englischen Formats. Seine Werke gestalteten Widerspruch und Zusammenhang von individueller Freiheit, Absolutismus und Unterdrückung: In seiner *Merope* (1783) beschrieb er den erwünschten Herrscher als gut, rechtsbewusst und menschlich. Die Romantiker begegneten ihm zurückhaltend. Er folgte aristotelischen und vom französischen Klassizismus entwickelten Prinzipien und nahm ähnliche Gestalten wie die deutschen Klassiker auf (Orest, Maria Stuart u. a.).
R 39/HL 27	**E la fama?**	„Und der Ruhm (der gute Ruf, der gute Name)?" Eine Konfrontation des Kunstverständnisses von Alfieri mit dem von Gozzi.

81 August Wilhelm von Schlegel: *Vorlesungen über dramatische Kunst und Literatur*. Kritische Ausgabe von G. V. Amoretti. Bonn und Leipzig: Kurt Schroeder Verlag, 1923, Band 2, S. 308.

Seite	Begriff	Erläuterung
R 39/HL 27	Gozzi	Carlo G. (1720–1806) bemühte sich, die traditionelle Stegreifkomödie (Commedia dell' Arte) durch die Aufnahme von Märchenelementen zu beleben. Dabei wollten seine Komödien (darunter die von Schiller 1802 übersetzte Tragikomödie: *Turandot*) einen Gegensatz zum realen Leben bilden. Jean Paul schätzte Gozzis Maskenspiele mit ihrer „warmen italienischen Zauber-nacht“[82] gegenüber anderen. – Der Gegensatz von Alfieri und Gozzi war in der Romantik verbreitet und wurde von August Wilhelm Schlegel in seinen *Vorlesungen über dramatische Kunst und Literatur* beschrieben.[83] Gozzi, der von Tieck und den Schlegels mit Shakespeare verglichen wurde, war danach „noch mehr fantastisch als romantisch“ und „sehr volksmäßig“, „derb und handfest“.[84]
R 39/HL 27	E la fame?	der Hunger als treibendes Element für einen Schriftsteller, auch als persönliche Erfahrung bei George Sand und Büchner mit den sozialen Fragen „... wenn ich meinen Doktor bezahlt habe, so bleibt mir kein Heller mehr“[85].
R 41/HL 28	Personen	Die Personennamen erinnern an deutsche Märchen (Peter) und an Lustspiele Brentanos und Tiecks (Valerio). Die Figuren sind höchst vereinfacht und lassen sich deshalb mit vielen Gestalten aus anderen Werken vergleichen, besonders mit denen Gozzis und E. T. A. Hoffmanns. Die Ländernamen sind aus der Kindersprache, satirisch und vulgär (Popo, Pipi). Andererseits sind Bezeichnungen wie „Hofmeister“ zeittypisch: Es waren Privatlehrer, die oft unter widrigen Bedingungen arbeiten mussten und ein Gegenstand der Literatur waren (Lenz, Hölderlin u. a.).
R 41/HL 28	Pipi	Der Name Pipi kommt in E. T. A. Hoffmanns *Fantasiestücke in Callots Manier* (1814) vor. Eingefügt in die *Nachricht von einem gebildeten jungen Mann* ist dort das *Schreiben Milos, eines gebildeten Affen, an seine Freundin Pipi in Nord-Amerika*. Goethe schrieb in seinem Gedicht *Der neue Amadis* (1774) von einem Prinzen Pipi („...ich ward ein warmer Held, / Wie der Prinz Pipi“) und bezog den Namen wahrscheinlich aus französischen Feenmärchen des 18. Jahrhunderts.

---

82 Jean Paul: *Vorschule der Ästhetik*. In: ders.: Werke. Hrsg. von Rudolf Wustmann. Leipzig: Bibliographisches Institut, o. J., 4. Band, S. 146.

83 August Wilhelm von Schlegel: *Vorlesungen über dramatische Kunst und Literatur*. Kritische Ausgabe von G. V. Amoretti. Bonn und Leipzig: Kurt Schroeder Verlag, 1923, Band 1, S. 201 ff., 207 ff.

84 Ebd., S. 207.

85 Büchner an Eugen Boeckel am 1. Juni 1836 über Geldnöte. In: Bergemann, S. 437.

3.5 Sachliche und sprachliche Erläuterungen

Seite	Begriff	Erläuterung
R 43/HL 29	***„O wär ich doch ein Narr!"***	Das Motto zu Beginn stammt von Jacques aus Shakespeares *Wie es euch gefällt* (1599). Jacques, ein Begleiter des verbannten Herzogs Senior, trägt nichts zur Handlung bei, will auch nichts bewirken, sondern kommentiert.
R 43/HL 29	**auf den Kopf sehen**	Zu den zentralen Metaphern Büchners gehört die Vorstellung, sich von oben zu betrachten oder auf dem Kopf zu stehen. Es entsteht die ungewöhnliche und im Leben nicht mögliche Sicht auf den Menschen. Büchners Lenz war es „manchmal unangenehm, dass er nicht auf dem Kopf gehn konnte".[86]
R 44/HL 29	**Melancholie**	griech.: Schwarzgalligkeit; Schwermut, Trübsinn. Eines der vier Temperamente (zu starken und nur langsam wechselnden Erregungen neigend, das Leid gegenüber der Freude bevorzugend), das zugeordnete Gestirn war der Saturn, Paulus der melancholische Apostel. Aristoteles glaubte, dass die M. zu genialen Leistungen und zu vollständiger Tatenlosigkeit führen könne. Das Mittelalter bevorzugte sie, weil sie die fromme Kontemplation begünstige (Albrecht Dürer, *Melancholie* [Bild], 1514). Bildhafte Attribute waren: Flügel, Buch, Instrumente des Astronomen, Musikinstrumente, abgestorbene Bäume, Todessymbole. In der Ästhetik gilt die M. oft als der Gegensatz des Heroischen. Den Romantikern wurde sie eine Lebensform.[87]
R 44/HL 29	**Parenthese**	In den Satz eingeschalteter Redeteil. Da er oft in Klammern gestellt wird, meint Leonce hier die O-Beine des Hofmeisters, die die Form der Klammer haben. Möglicherweise von Musset übernommen („...vos jambes sont deux charmantes parenthèses"[88]).

86 Georg Büchner: *Lenz*. In: Bergemann, S. 89. – Das Motiv findet sich auch in Goethes *Faust I*: In dem zeitgenössisch angelegten *Walpurgisnachtstraum* ist es das Kennzeichen jener Opportunisten der Französischen Revolution von 1789, die ihre Gesinnung schnell wechselten. „Auf den Füßen geht 's nicht mehr, / Drum gehn wir auf den Köpfen." (V. 4369 f.)

87 Vgl. dazu auch Dedner 2001, S. 155 und dort angebotene Literatur (Anm. 75).

88 Henri Plard, in: Martens 1965, S. 293.

Seite	Begriff	Erläuterung
R 44/HL 30	**Langeweile**	Synonym für Müßiggang und aristokratische Lebensführung. In einem Brief an Gutzkow erklärt Büchner die Langeweile für die entscheidende Eigenschaft der „abgelebte(n) moderne(n) Gesellschaft", deren Leben nur daraus bestehe, „sich die entsetzlichste Langeweile zu vertreiben"[89]. Nur ihren Tod könne diese Gesellschaft noch als Neues erleben. Dass nur ein nichtlangweiliges Leben ein sinnvolles Leben sei, war eine von Büchners Grundansichten, mehrfach in Briefen vorgetragen (so an Boeckel vom 1. Juni 1836). Auch Schopenhauer hatte die Langeweile als Sinnbild gemeinschaftlich erlebter Stumpfheit und Kartenspiele als deren Ausdruck beschrieben: „Weil sie nämlich keine Gedanken auszutauschen haben, tauschen sie Karten aus (...)"[90].
R 44/HL 30	**der armen Puppe**	Die Puppe gehört zum Wortfeld von Marionette, Maske, Automat u. a. Die Begriffe sind Ausdruck für eine Fremdbestimmung des Menschen, die er nicht verstehen kann und die ihn abhängig von einem unerkannten Schicksal macht. Büchner bedient das Wortfeld überall – besonders auffällig in *Dantons Tod* („Puppen sind wir..."[91]) –, auch in Briefen: „Der einzelne nur Schaum auf der Welle, die Größe ein bloßer Zufall, die Herrschaft des Genies ein Puppenspiel, ein lächerliches Ringen gegen ein ehernes Gesetz, es zu erkennen das Höchste, es zu beherrschen unmöglich."[92]
R 45/HL 31	**Alexander der Große**	356–323 v. d. Z., makedonischer König (336–323 v. d. Z.) mit dem größten Weltreich in der Alten Welt, bedeutender Feldherr. 1833 erschien eine maßstabsetzende Biografie von Johann Gustav Droysen, *Geschichte Alexanders des Großen* (Hamburg). Darin wurde auf die Notwendigkeit der nationalen Erhebung Griechenlands und die Wiedererrichtung der Demokratie als Parallelen zur Gegenwart hingewiesen, auch die Parallele zum Kampf des bekannten englischen Dichters Lord George Gordon Byron (1788–1824) im griechischen Aufstand von 1821 bis 1829 wird erkennbar.
R 46/HL 31	**C(K)antharide**	Die spanische Fliege, aus der ein giftiger Wirkstoff entwickelt wurde, der hautreizend, blasenziehend und harntreibend wirkte. Wird heute nicht mehr als Arzneimittel verwendet. – Der Marquise de Sade nutzte es bevorzugt als Stimulanz vor sexuellen Orgien. Valerio meint die Sexualität wegen des notwendigen, noch zu zeugenden Erbprinzen, um das Leben im Müßiggang dann weiterführen zu können.

89 Brief an Gutzkow von 1836. In: Bergemann, S. 435.
90 Ralph Wiener: *Der lachende Schopenhauer. Eine Blütenlese.* Leipzig: Militzke, 1996, S. 113.
91 Vgl. Bergemann, S. 47.
92 Brief an die Braut vom November 1833 („Fatalismusbrief"). In: Bergemann, S. 395.

3.5 Sachliche und sprachliche Erläuterungen

Seite	Begriff	Erläuterung
R 47/HL 32	**Die Substanz ist das an sich, das bin ich**	Diese hier sinnlose Formel geht auf eine zentrale These der zeitgenössischen Philosophie zurück. Sie stimmt mit dem Satz aus dem System des an Fichte geschulten K. Chr. Fr. Krause überein: „Alles, was ist, ist diese Substanz und in dieser Substanz."[93]
R 47/HL 32	**Attribute, Modifikationen, Affektionen und Akzidenzien**	Begriffe aus der Philosophie (u. a. Spinoza, Descartes [d. i. Cartesius], Kant). Sie bedeuten: wesentliches Merkmal oder Eigenschaft, Veränderung und Abwandlung, Erregung und Zuneigung, Zufälliges und Wechselndes (auch: Nebeneinnahmen). Vgl. S. 60 u. 90 f. dieser Erläuterung.
R 47/HL 32	**das bin ich**	Auf seine Fragen, wer er denn sei, antwortet König Peter mit dieser Formel. Sie stammt aus Johann Gottlieb Fichtes *Die Bestimmung des Menschen* (1799): „Ich bin schlechthin, weil Ich Ich bin." und „... so bin ich, und so bin ich unveränderlich"[94].
R 47/HL 32	**der freie Wille**	Grundproblem der Philosophie: Wie frei ist der menschliche Wille? Der Philosoph Fichte setzte die Freiheit des Willens über die Notwendigkeit. Ein Begriff der zeitgenössischen Philosophie (Schopenhauer. *Die Welt als Wille und Vorstellung*, 1819) wird ironisch verwendet. Entscheidend war die Bestimmung des freien Willens bei Immanuel Kant. – In der dritten Szene des ersten Aktes setzt König Peter den „freien Wille" abwegig ein.
R 48/HL 33	**ambrosische Nacht**	göttliche, köstliche, duftende Nacht
R 48/HL 33	**Oleander**	Giftiger Baum oder Strauch mit ledrigen Blättern, der herzwirksame Arzneistoffe enthält.
R 49/HL 34	**O dolce far niente**	„O süßes Nichtstun", wahrscheinlich auf Plinius d. J. zurückgehend, der Muße und Nichtstun pries.
R 49/HL 34	**Hiatus**	eigentlich: Missklang. Es stoßen zwei Vokale aufeinander, die den Wohlklang stören wie in „H**i**-**a**tus" selbst.
R 51/HL 35	**Epikureismus**	Lehre des griechischen Philosophen Epikur vom Glückseligkeitsstreben (Eudämonie), genießerische Lebensauffassung, Lebensgenuss, auf der Grundlage eines materialistisch-atheistischen Naturverständnisses, das jeden göttlichen Eingriff ausschließt.
R 52/HL 36	**Bouteille**	franz.: Flasche

---

93 Brief Krauses an seinen Vater vom 4. 11. 1813. In: Siegfried Wollgast: *Karl Christian Friedrich Krause (1781–1832) – ein deutscher Philosoph mit Weltgeltung.* In: Sitzungsberichte der Leibniz-Sozietät. Berlin Jg. 2001, Bd. 46, Heft 3, S. 72.

94 Johann Gottlieb Fichte: *Die Bestimmung des Menschen.* Hrsg. v. Theodor Ballauff und Ignaz Klein. Stuttgart: Reclam, 1993, S. 88 und 192.

Seite	Begriff	Erläuterung
R 52/HL 36	**Nanking-hosen**	gelbes leichtes Baumwollgewebe für Futter und Sommerkleidung nach der chin. Stadt Nanking
R 52/HL 36	**Caligula**	Spitzname des römischen Kaisers Gaius Caesar Augustus Germanicus (12–41 n. d. Z.), lat.: Soldatenstiefelchen. Er regierte mit großer Grausamkeit. Leonce meint neben dem grausamen Herrscher auch dessen Leidenschaft für monumentale Gladiatorenkämpfe und Spiele.
R 52/HL 36	**Nero**	(37–68 n. d. Z.) römischer Kaiser Claudius Drusus Germanicus Caesar; er herrschte aufwendig und grausam (Brand Roms, Christenverfolgung u. a.). Hier spielt Leonce auf die schauspielerischen Fähigkeiten Neros an, der sich selbst als großen Künstler sah und entsprechend feiern ließ.
R 53/HL 37	**Adonis**	schöner Jüngling, nach der griech. Sage von Adonis, dem Geliebten der Aphrodite, der von einem Eber getötet wurde, aber immer wieder zum Leben erwachen durfte.
R 54/HL 38	**während des P...**	Das nicht immer in den Drucken ausgeschriebene Wort „Pinkeln" oder „Pissen" korrespondiert mit dem wenige Zeilen später genannten Adelstitel „Lena von Pipi" aus dem Reich Pipi und ironisiert die Braut.
R 54/HL 38	**Schlagfluss**	Schlaganfall
R 55/HL 38	**Kapaun**	auch: Kapphahn, kastrierter und meist gemästeter Hahn
R 55/HL 39	**die Passion**	die Leidenschaft, Vorliebe
R 56/HL 39	**Shandy, alter Shandy, wer mir deine Uhr schenkte**	Anspielung auf den Roman *The Life and Opinions of Tristram Shandy* (dt. 1769) von Laurence Sterne (1713–1768). Als Tristram Shandy gezeugt wurde, hatte der Vater vergessen, die Uhr aufzuziehen. Sonst zog der Vater, „unstreitig einer der regelmäßigsten Menschen", am Abend des ersten Sonntags im Monat die Uhr auf und pflegte anschließend den Geschlechtsverkehr mit seiner Frau, um sich „alles miteinander auf einmal vom Halse zu schaffen"[95]. Die Mutter brachte dadurch die Uhr immer mit „gewissen anderen Dingen" in Verbindung.
R 56/HL 40	**a priori**	Phil. Begriff: *vom Früheren her*, von vornherein, grundsätzlich. Verwendet vor allem von I. Kant; Erkenntnis von der Erfahrung unabhängig, aus der Vernunft gewonnen.

95 Lawrence Sterne: *Tristram Shandy*. Aus dem Englischen von F. A. Gelbcke. Leipzig: Bibliographisches Institut, o. J., S. 17 (1. Buch, 4. Kapitel).

3.5 Sachliche und sprachliche Erläuterungen

Seite	Begriff	Erläuterung
R 56/HL 40	**a posteriori**	Phil. Begriff: *vom Späteren her,* nachträglich, später. Verwendet vor allem von I. Kant; Erkenntnis aus Erfahrung und Wahrnehmung gewonnen.
R 57/HL 40	**es (Es) war einmal**	Beginn zahlreicher Märchen und Hinweis darauf, dass die Märchen ursprünglich erzählend weitergegeben wurden. Märchen waren modern und hatten in der Romantik große Bedeutung erreicht (z. B. die Märchensammlungen der Brüder Grimm). Büchner nahm Märchen (bzw. Anti-Märchen) in seine Texte auf (*Woyzeck*) und schrieb mit *Leonce und Lena* ebenfalls ein märchenähnliches Stück.
R 57/HL 40	**Heroismus**	Heldentum; von heros = Held. Der Begriff wird von Leonce und Valerio ironisch verwendet; die Wirklichkeit des Heldentums ist unangenehmer (Lazarett).
R 57/HL 40	**Alexanders- und Napoleonsromantik**	Valerio und Leonce lehnen die Heldenschwärmerei für den makedonischen König Alexander den Großen (356–323 v. d. Z.) und den französischen Kaiser Napoleon I. Bonaparte (1769–1821) ab.
R 57/HL 40	**Demission**	Rücktritt einreichen, um Entlassung bitten
R 57/HL 40	**Pan**	arkadischer Feld-, Wald-, Fruchtbarkeits- und Hirtengott in der griechischen Mythologie. Die mittägliche Stille, in südlichen Gegenden oft lähmend, erklärten die alten Griechen mit der Mittagsruhe Pans. Wenn ein Gewitter die Stille zerstörte und die Menschen „panisch“ (von: Pan) erschreckte, führte man das auf Pans Stimme zurück.
R 57/HL 40	**Zaubrer Virgil**	Vergil, eigentlich Publius Vergilius Maro (70–19 v. d. Z.), römischer Dichter, u. a. *Äneis*, wurde in Volksbüchern als Zauberer oder Magier genannt.
R 57/HL 40	**Tarantella**	süditalienischer Volkstanz
(R 57/HL 40	**Tambourin**	mit Fell oder Haut bespannte Handtrommel mit Schellen
R 57/HL 40	**Lazzaroni**	ital. Lumpen, Bettler; verächtliche Bezeichnung der untersten sozialen Schicht in Neapel, auch Hilfstruppen der Bourbonen gegen die Parthenopäische Republik. Büchner könnte Goethes einprägsame Beschreibung im Kopf gelesen haben, die am Lazzarone wahrnahm, „dass alle in ihrer Art nicht arbeiten, um bloß zu *leben*, sondern um zu *genießen*, und dass sie sogar bei der Arbeit des Lebens froh werden wollen.“[96]

96 Johann Wolfgang von Goethe: *Italienische Reise.* In: ders.: Poetische Werke. Berliner Ausgabe, Bd. 14. Berlin: Aufbau-Verlag, 1961, S. 518 (Neapel, 28. Mai 1787).

Seite	Begriff	Erläuterung
R 57/HL 40	**Wir gehen nach Italien.**	Neben den parodistischen Anspielungen des Lustspiels auf Goethes *Faust*, *Iphigenie auf Tauris* und anderes kann Beschreibung und Aufforderung als Parodie auf Goethes Flucht nach Italien gelesen werden, aber auch auf die Italiensehnsucht des 18. Jahrhunderts.
R 58/HL 41	**Rosmarin**	Rosmarin im Brautstrauß ist ein Treuesymbol, im Grabstrauß ein Zeichen des Gedenkens.
R 58/HL 41	**Don Carlos**	(1545–68) Anspielung auf Friedrich Schillers Trauerspiel *Don Karlos: Infant von Spanien* (1787), in dem der älteste Sohn König Philipps II. von Spanien zum edlen, ideal denkenden und freiheitsliebenden Mann stilisiert wurde. Tatsächlich ist seine Gestalt in der Geschichtsschreibung umstritten.
R 59/HL 41	**wahres Opferlamm**	„Opferlamm" ist eine Übersetzung aus Mussets *Fantasio* („un vrai agneau pascal"). Der Vergleich mit dem Tieropfer und der Hinweis auf den Priester mit Messer erinnert an Agamemnons Opfer der Iphigenie in Aulis. In Goethes *Iphigenie auf Tauris* (1787) ist das Tieropfer Anlass, dass Iphigenie, die in Aulis von der Göttin Artemis gerettet wird, Priesterin bei den Taurern wird.
R 60/HL 42	**Adalbert von Chamisso**	Das dem 2. Akt vorangestellte Motto, ein variiertes Zitat des Beginns vom 2. Teil aus Chamissos Gedicht *Die Blinde* (1832), meint das Verhältnis von Innen- und Außenwelt: Die Flucht in die Natur, das Wirtshaus und die Liebe haben Inhalte gebracht, die man als „Eigentum" in der Brust bewahren kann. Chamisso (1781–1838) war populär und beliebt.
R 60/HL 42	**Spiegelzimmer**	Das Bild des Spiegels wird mehrfach im Stück verwendet. Mit Spiegeln kann man sich in der Romantik aus Raum und Zeit befreien oder auch der Furcht vor einem Doppelgängerdasein (Identitätsverlust) begegnen (vgl. E. T. A. Hoffmanns *Die Geschichte vom verlorenen Spiegelbilde*, 1815). Dieser Angst verfällt auch Leonce.
R 60/HL 42	**Schatten meines Schattens**	Wie der Spiegel diente er als Metapher für den Doppelgänger und die Darstellung des Unbewussten. Ein verlorener Schatten bedeutete, kein Mensch zu sein: Peter Schlemihl sieht seinen eigenen Grabstein (vgl. Adelbert von Chamissos Erzählung *Peter Schlehmihls wundersame Geschichte*, 1814).
R 61/HL 42	**Arsenik**	starkes Gift; in geringen Dosen als Mittel gegen Bleichsucht und Rachitis verwendet

3.5 Sachliche und sprachliche Erläuterungen

Seite	Begriff	Erläuterung
R 61/HL 42	**Ideal eines Frauenzimmers**	Das Ideal soll nach Leonce „unendlich schön und unendlich geistlos" sein. Es mutet wie der Gegensatz zu Schopenhauer an: Nach diesem entsteht echte Aristokratie „durch Vermählung der edelmütigsten Männer mit den klügsten und geistreichsten Weibern".[97]
R 61/HL 42	**geistlos**	nicht unbedingt mit „dumm" zu erklären, sondern im 19. Jahrhundert auch in der Bedeutung „ohne Geist", also „leblos"
R 61/HL 43	**Zwiebel**	Die Zwiebel ist ein Symbol für die Lüge und wird mit diesem Inhalt in der Literatur verwendet. Neben der hier beschriebenen Stelle wurde Henrik Ibsens *Peer Gynt* (1867) berühmt: Peer verfolgt sein Leben am Beispiel einer Zwiebel und kommt zum Ergebnis: „Er stinkt von Lügen ... Bloß Häute, – nur immer kleiner und kleiner."[98]
R 61/HL 44	**Leichdörner**	mitteldeutsch für Hühneraugen
R 62HL 44	**Eremiten**	Einsiedler, Klausner
R 62/HL 45	**Flucht der heiligen Ottilia**	Auch: Odilia (gest. 720), blind geborene Tochter des elsässischen Herzogs Athich (Eticho); bei der Taufe bekam sie das Augenlicht und wurde Äbtissin im Frauenkloster Schloss Hohenburg (Odilienberg), in das sie aus der Welt floh. Schutzheilige des Elsass, auch als Heilige bei Augenleiden angerufen.
R 63/HL 45	**die greisen freundlichen Gesichter, sich bei den Händen halten usw.**	Die beschriebene Szenerie erinnert an Goethes *Faust*. Es kann an Philemon und Baucis (*Faust II*) gedacht werden, die durch die modernen Kräfte vernichtet werden.
R 64/HL 45	**Ergo bibamus!**	lat. *Also lasst uns trinken!*, auch Titel eines Trinkgedichts von Goethe (1811)
R 65/HL 46	**Libanon**	„weißes Gebirge", höchster Teil einer Gebirgskette im Vorderen Orient. Am Fuße des Dschebel Timarun ging die Straße von Tripolis nach Damaskus, wo im 19. Jahrhundert noch Cedernwälder standen und ein Turm die höchste Erhebung kennzeichnete.
R 65/HL 46	**Picken der Totenuhr**	Die in Brettern und Möbeln lebende *Totenuhr* (ein Bohrkäfer) verursacht beim Aufklopfen mit dem Kopf ein tickendes Geräusch, das als Prophezeiung eines Todesfalls gilt. Valerio erwähnt ihn nochmals (R 67/HL 48).

97 Ralph Wiener: *Der lachende Schopenhauer*. Leipzig 1996, S. 186.

98 Henrik Ibsen: *Peer Gynt*. In: ders.: Sämtliche Werke, Bd. 4, Berlin o. J., S. 364 f.

Seite	Begriff	Erläuterung
R 65/HL 47	**Sollte nicht dies und ein Wald von Federbüschen…**	Das Zitat stammt aus Shakespeares *Hamlet* und gehört zum Umfeld des von Hamlet angeregten Schauspiels vor seiner Mutter.[99] Bezieht man die Vorlage ein, wird deutlich, dass Leonce ein neues Rollenverständnis annimmt: Er spielt nun die Rolle des Künstlers und „zitiert" deshalb aus *Hamlet* und die ihn zu der neuen Rolle angeregten Worte Lenas.
R 66/HL 47	**Vizinalwege**	angrenzende Wege, Gemeindewege
R 66/HL 48	**Nachtviolen**	Hesperis, eine violett blühende, stark duftende Pflanze
R 67/HL 48	**eine schöne Sache um die Natur**	Valerios Klage, es wäre noch schöner, wenn es keine Schnaken gäbe, erinnert an Goethes *Der Triumph der Empfindsamkeit*, wo der Diener Merkulo des Prinzen die gleichen Gedanken hat und erklärt: „Der Prinz hat durch seine Akademien Preise ausgesetzt, um zu erfahren, ob diesen Beschwerden, zum Besten der zärtlichen Welt, nicht abgeholfen werden könne?".[100]
R 67/HL 48	**balsamisch**	lindernd, wohlriechend
R 68/HL 49	**Serenissime!**	Form der Anrufung (Vokativ) eines Fürsten, einer Durchlaucht (Serenissimus), etwa: O hoher Herr, o durchlauchtigster Herr
R 68/HL 49	**den schönsten Selbstmord**	Um die erfüllte Langeweile dauerhaft werden zu lassen, würde auch ein Selbstmord angenommen. Der Selbstmord Leonces wird zur Belanglosigkeit, als Werthers Schicksal erinnert wird, der sich in unlösbarem Konflikt das Leben nahm.
R 69/HL 49	**keinen so vorzüglichen Augenblick**	parodistische Aufnahme des Wunsches von Goethes Faust (*Faust I*) nach dem „erfüllten Augenblick" (V. 1699 ff.: „Werd ich zum Augenblicke sagen: / Verweile doch! du bist so schön!")
R 69/HL 49	**mit seiner gelben Weste ....**	Variation der Werther-Tracht. Goethes Titelgestalt aus dem Briefroman *Die Leiden des jungen Werther* (1774) ist einer der bekanntesten Selbstmörder der deutschen Literatur. Er trug gelbe Weste und blauen Frack.
R 70/HL 50	**philobestialisch**	tierlieb
R 71/HL 51	**Dreimaster**	Dreispitz, Filzhut, bevorzugt von Seeoffizieren getragen
R 72/HL 51	**Vivat**	Hochruf: er, sie, es lebe hoch!

99 Vgl. William Shakespeare: *Sämtliche Werke*. Hrsg. von Anselm Schlösser. Berlin und Weimar: Aufbau, 1964, Bd. 4, S. 328.
100 Goethe: *Der Triumph der Empfindsamkeit*. In: ders.: Poetische Werke., Bd. 5. Berlin und Weimar: Aufbau-Verlag, S. 352.

3.5 Sachliche und sprachliche Erläuterungen

Seite	Begriff	Erläuterung
R 72/HL 51	**Löcher in unseren Jacken und Hosen**	In dieser wichtigen Textstelle wird die soziale Situation der Bauern beschrieben: Sie haben wie der ebenso arme Schulmeister zerlöcherte Kleidung. Man kann von dieser Stelle ausgehend die Ausführungen des Schulmeisters als Satire lesen. Auch Valerio gehört zu dieser sozialen Schicht, denn als Leonce ihn kennenlernt, fallen ihm die „Löcher in deinen Hosen" (R 46/HL 31) auf.
R 72/HL 51	**C(K)okarden**	In Frankreich Bezeichnung für die Bandrosette (Schleife in Form einer Rose) an Hüten; Erkennungszeichen politischer Parteien und Nationalkennzeichen, besonders berühmt war die blauweißrote Kokarde des Revolutionsheeres nach der Französischen Revolution von 1789. Fand nach 1813 auch in Deutschland Verwendung.
R 72/HL 51	**Vatermörder**	umgangsspr. für: Herrenhemdkragen mit hohen steifen Spitzen
R 72/HL 52	**zwölf Unschuldige**	Neben der Zehn ist die Zwölf eine besondere Zahl; heidnische Götter wurden oft in der Zwölfzahl angegeben. Hier sind es zwölf Ehren-Jungfrauen, wobei das Gewicht auf „Jungfrau" liegt.
R 72/HL 52	**das horizontale Verhalten**	Umschreibung für Geschlechtsverkehr; Huren betreiben das „horizontale Gewerbe". Dauert das Warten an, werden die Ehren-Jungfrauen bald keine Jungfrauen mehr sein.
R 73/HL 52	**Gradierbäume (-bäue)**	Keine Bäume, sondern Holzgerüste mit Reisigbündeln aus Schwarzdorn (Gradierwerke), über die salzhaltige Sole rieselt und auf denen das Salz kristallisierte.
R 73/HL 52	**die Dardanellen und das Marmormeer**	Türkische Meerenge zwischen zwei Hochufern (auf einem davon liegt Troja) zwischen Ägäis und Marmarameer; ironische Beschreibung des Blicks in das Dekolletee der Frauen („offen bis zum Herzen"), wo man zwischen den Brüsten hindurch bis zum Geschlecht sehen kann.
R 74/HL 52	**kompromittieren**	bloßstellen, blamieren, sich oder jemanden schaden
R 74/HL 53	**königliches Wort ist ein Ding..., das nichts ist**	Ein *Hamlet*-Zitat wird benutzt (4. Akt, 2. Szene), in dem der König selbst ein Nichts ist. Die Veränderung Büchners aktualisiert das Zitat, das meint, dass die Könige ihre Versprechungen in den Befreiungskriegen 1813 nicht gehalten haben.
R 75/HL 54	**auseinander schälen und blättern**	Valerio nimmt das Bild von der Zwiebel wieder auf, das er im Gespräch mit Leonce schon einmal auf das Land angewendet hatte (vgl. Anmerkung zu: Zwiebel, R 61/HL 43). Sie ist der zentrale Begriff von Valerios Weltsicht: Es gibt nirgends einen Kern, sondern nur verschiedenartige Schalen.

Seite	Begriff	Erläuterung
R 75/HL 54	**Konfusion, Desperation**	Verwirrung, Unordnung; Verzweiflung
R 76/HL 54	**Automaten**	Sie sind neben der Marionette ein typisch romantisches Requisit, um die verhängnisvolle Bestimmung des Menschen durch sein Schicksal zu beschreiben. Die bekannteste Automatengestalt schuf E. T. A. Hoffmann mit der aufziehbaren Puppe Olimpia (in *Der Sandmann*). Bei Büchner sind sie sozial gekennzeichnet und werden zum Ausdruck einer entfremdeten Gesellschaft, in der der Mensch nicht mehr weiß, wer er denn ist und wo für den Menschen „die geschichtliche Welt ein sinnloses Puppenspiel"[101] wird. Als Leonce die Herrschaft übernimmt, beschreibt er Untertanen und Reich als „Puppen und Spielzeug" (R 79/HL 56). Der sinnlose Leerlauf geht weiter.
R 76/HL 54	**kein Wort für den Begriff Beinkleider**	Es gehörte sich in vornehmen Kreisen nicht, über Hosen zu sprechen, da man damit gedanklich in die Nähe des Geschlechts kam. Deshalb nannte man sie ironisch auch die „Unaussprechlichen", ein Begriff, den Thomas Mann geprägt haben soll.
R 76/HL 54 f.	**hinter einem Frauenzimmer eine Treppe hinauf- oder vor ihm hinuntergehen**	Ein gut erzogener Mann durfte diese Möglichkeiten nicht nutzen, denn es hätte ihm den Blick unter die Röcke der Frau ermöglicht. Das galt als unerzogen.
R 76/HL 55	**alle neuen Opern**	Der Hinweis erinnert an E. T. A. Hoffmanns Affen Milo, der sich als Komponist sieht und davon spricht, seine „neue Oper" vollenden zu müssen, ein äffisches Werk ohne Wert und Sinn.
R 77/HL 55	**Glaube, Liebe, Hoffnung**	Die Begriffsfolge aus dem 1. Korinther 13, 13, ein bekannter Spruch- und Predigttext, wird ironisch auf das Automatenpaar angewendet, der Predigtcharakter wird durch das anschließende „Amen" belegt. Die Wortfolge korrespondiert mit Fichtes *Bestimmung des Menschen,* die in die Kapitel „Zweifel, Wissen, Glaube" gegliedert ist und zu einer Antwort auf die Frage Valerios führt, „wenn ich eigentlich selbst recht wüsste, wer ich wäre" (R 76/HL 54).
R 77/HL 55	**akkordieren**	sich über etwas einigen, vereinbaren

101 Vgl. Arnold Heidsieck: *Das Groteske und das Absurde im modernen Drama.* Stuttgart, Berlin, Köln, Mainz: W. Kohlhammer Verlag, 1969, S. 117 (Sprache und Literatur 53).

3.5 Sachliche und sprachliche Erläuterungen

Seite	Begriff	Erläuterung
R 77/HL 55	**in effigie**	Lat.: im Bildnis; nach einem alten Brauch konnte ein Urteil auch in Abwesenheit des Verurteilten bildlich vollzogen werden.
R 77/HL 55	**vermaledeiten Gesichter**	Verwünschte, verfluchte Gesichter; Valerio bezieht es auf die Gestik des Hofpredigers „gen Himmel" (R 77/HL 55).
R 79/HL 57	**infusorisch**	mikroskopisch klein (nach Infusorien = einzellige Aufgusstierchen); gemünzt auf die deutsche Kleinstaaterei
R 79/HL 57	**Ischia und Capri**	italienische Inseln vor Neapel; Sinnbild von Schönheit
R 79/HL 57	**hinaufdestillieren**	Flüssigkeiten verdampfen und sich neu niederschlagen zu lassen, Herstellung von Alkohol; gemeint ist hier: eine Verdichtung zu immer größerer Schönheit.
R 79/HL 57	**Dekret**	Verordnung, behördliche Entscheidung
R 80/HL 57	**Kuratel**	Vormundschaft, Pflegschaft, Aufsicht
R 80/HL 57	**eine commode Religion**	Eine bequeme, gemächliche Religion. Die Formulierung stand nicht immer in den Textpublikationen. Gutzkow druckte 1838 „eine, wo möglich, bequeme Religion", Ludwig Büchner 1850 „eine kommende Religion". Bergemann veränderte in „commode Religion". Diese Variante hatte 1851 auch schon Wilhelm Schulz in einer Rezension verwendet; er musste sie noch von Büchner selbst haben, da zu diesem Zeitpunkt nirgends „commode" gedruckt worden war.[102]

102 Vgl. dazu: Jan-Christoph Hauschild: *Kleine Anmerkung zur Textkritik von ‚Leonce und Lena'*. In: Georg Büchner Jahrbuch, Nr. 5/1985. Hrsg. von Thomas Michael Mayer. Frankfurt a. M.: Evangelische Verlagsanstalt, 1986, S. 313–315.

3.6 Stil und Sprache

Zusammenfassung

- Das Lustspiel wird durch eine monologisierte Sprache und zahlreiche Sprachspiele, die wiederum teils zu Parodien, teils zu Sinnlosigkeiten werden, geprägt.
- Wörter aus der Kindersprache – Popo, Pipi – reduzieren die höfische Welt auf simple Ausdrücke und parodieren sie.
- Aus dem natürlichen sprachlichen Umgang der Menschen sind Sprachspiele auf niedrigem Niveau geworden.
- Aus poetischen Klängen (Alliteration) wird sinnentleerte Wiederholung usw.
- Begriffe, vor allem aus der Philosophie, werden parodistisch umfunktioniert.

Der gestörte Dialog und groteske Stilmittel

Kein zufälliges Wort

Büchners Sprache hat in dem Stück eine ähnliche Bedeutung wie die Shakespeares: Sie ist nicht zufällig und auswechselbar, sondern bis ins letzte Wort genau auf den dramaturgischen Ablauf ausgerichtet. Alle ihre Teile sind „thematisch integrierte Kompositionselemente"[103]. Die Personen sprechen bevorzugt monologisch, lediglich die Szenen mit Valerio bilden Dialoge aus, die aber teilweise in Stichomythie verlaufen. Der **Monolog** dient dabei nicht, wie sonst im Drama, der Selbstverständigung der Figur und der Information des Zuschauers, sondern wird **Ausdruck der gestörten Verständigung**. Büchners Figuren können sich kaum mehr unterhalten und hören deshalb dem eigenen Monolog zu. Leonce sagt zu sich selbst: „Komm, Leonce, halte mir einen Monolog, ich will zuhören." (R 52/HL 36) Nur ausnahmsweise organisiert sich ein **Dialog,** er ist „auf ein Minimum

Dialoge als Ausnahme

103 Anselm Schlösser: *Shakespeare. Analysen und Interpretationen.* Berlin und Weimar 1977, S. 38.

zusammengeschrumpft"[104]. Er kommt zustande, wenn natürlich denkende Menschen am Gespräch beteiligt sind (Rosetta) oder wenn Langeweile und Sinnlosigkeit vorübergehend durch Leidenschaft (Liebe) verdrängt werden (Begegnung zwischen Leonce und Lena im 2. Akt, 2. und 4. Szene). – Der Monolog wird zum Ausdruck der Vereinsamung der Personen. Dialoge sind äußerliche Wechselreden. Die Sprache ist kein Mittel, die Figuren miteinander ins Gespräch zu bringen, sondern um ihre Trennung auszuweisen. Der Schriftsteller Wolfgang Hildesheimer hat gesagt, dass *Leone und Lena*

> „als *dramatisches Gebilde* kein Vorbild hat, es ist in Struktur und Diktion einzigartig. Es gibt, meines Wissens, kein anderes Stück, dessen Handlung vom Dialog so wenig vorwärtsgetrieben wird wie dieses, in dem jeder gesprochene Satz ein retardierendes Moment ist."[105]

Sprachspiele

Groteske Sprach- und Stilmittel treten auf; Sprachspiele finden ständig statt, besonders intensiv von Valerio gepflegt. So bildet der Narr durch Präfixe eine Wortreihe von „kommen": Einkommen, Aufkommen, Unterkommen, Auskommen, Ankommen, Fortkommen (R 56/HL 39). Die Wörter werden durch Antonyme (Gegensätze) ergänzt: Einkommen – stehlen; Unterkommen – Grab u. a.

---

104 Ruvio, S. 145.
105 Hildesheimer, S. 173.

Das Wort *kommen* (R 56/HL 39): Valerios Interpretation aus der Sicht des Narren und sozialen Außenseiters

Einkommen – stehlen	*Aufkommen* – wenn man gehängt wird,
Unterkommen – begraben	*Auskommen* – mit einem Witz, wenn man nichts mehr zu sagen weiß,
Abkommen – seine Position im Staatsrat	*Fortkommen* – Staatsrat wird fortgeschickt

Parodistische Elemente

Zwischen den Figuren herrscht eine **gestörte Kommunikation**. Deshalb kommt es

Missverständnisse zwischen Figuren

- zu zahlreichen Missverständnissen, die auf die sprachlichen Fähigkeiten der Figuren weisen („Erziehung" – „Erzeugung" – „Empfängnis" – „Empfänglichkeit", R 53/HL 37; „Geleite" – „Geläute", R 55/HL 39 u. a.). Leonce reflektiert diesen Vorgang, wenn er Valerio unter Verweis auf die Vokale – das V als U gerechnet – in seinem Namen als „ein schlechtes Wortspiel" bezeichnet (R 55 f./HL 39), Valerio nennt den Prinzen daraufhin „ein Buch ohne Buchstaben, mit nichts als Gedankenstrichen".

Sinnlose Frage-Antwort-Rituale

- zu sinnlosen Frage-Antwort-Ritualen, die sich auf nichts beziehen (Dialog zwischen Valerio und Leonce: „Ja!", „Richtig!", „Haben Sie mich begriffen?", „Vollkommen.", R 44 f./HL 30). Sie sind Ausdruck zunehmenden Verstummens mit der Konsequenz, dass sich die Menschen erst dann verstehen, wenn sie sich nichts mehr sagen.

Sprachliche Versatzstücke

- zu sprachlichen Versatzstücken, die in sinnlosen Redeakten variiert und umgestellt werden: Der 1. und der 2. Kammerdiener wiederholen Fragen des Königs als Antwort und variieren ihre Antworten durch Umstellung der Satzteile

(R 47/HL 32 f.). Zur Karikatur getrieben wird das in der Szene 2.1. im Verhalten der beiden Polizisten (nur in HL 43). Die Beamten werden durchgehend zur Karikatur: der Präsident des Staatsrates, Kammerdiener und Hofmeister. Der Staatsrat kann nur in Echoform sprechen, indem er die Platituden des Königs wiederholt. Beamte haben hier kein eigenes Sprachvermögen mehr.

Ironisierende Zusammenstellungen

- Nicht Zusammengehörendes wird sprachlich gereiht und dadurch ironisiert wie in den Fragen des Königs Peter: „Wo ist die Moral: wo sind die Manschetten?", „Moral" und Manschetten" alliterieren (haben den gleichen Anlaut, Stabreim). Durch die lautliche Nähe wird der inhaltliche Abstand jedoch noch deutlicher: Die Wörter haben nichts miteinander zu tun.

Leerformeln statt Inhalt

- Leerformeln treten an die Stelle von Inhalten. Sie werden häufiger, je höher die Figur in der aristokratischen Hierarchie steht, und sind bei König Peter am häufigsten. Sie werden bedeutungsvoll bei Valerio, der sie zielgerichtet verwendet. Er spielt mit der Polysemie (Mehrdeutigkeit) von Wörtern und nutzt die Mehrdeutigkeit von Wörtern konsequent aus: „Ich werde Sie lassen, sobald Sie gelassen sind und das Wasser zu lassen versprechen" (R 68/HL 49), sagt Valerio, nachdem er Leonce vorm Selbstmord im Wasser gerettet hat, und entwertet den Selbstmordversuch durch die Zweideutigkeit des „Wasserlassens". Modelle dafür finden sich in Brentanos *Ponce de Leon*, dessen Sprachwitz Heine in der *Romantischen Schule* (1836) gelobt hatte.[106]

Kalauer

- Oft scheinen die Sprachwitze in Büchners *Leonce und Lena* bloße Kalauer zu sein („... vielleicht ist es so, vielleicht ist es aber auch nicht so", R 48/HL 33), auch wenn sie

---

106 „Man glaubt einen Maskenball von Worten und Gedanken zu sehen. Das tummelt sich alles in süßester Verwirrung, und nur der gemeinsame Wahnsinn bringt eine gewisse Einheit hervor. Wie Harlekine rennen die verrücktesten Wortspiele durch das ganze Stück und schlagen überall hin mit ihrer glatten Pritsche." Heinrich Heine: *Die Romantische Schule.* In: ders.: Werke. Leipzig: Bibliographisches Institut, o. J., 5. Bd., S. 308 f.

anspruchsvolle Beziehungen haben: Der Widerspruch ist gewollt; die Intelligenz dieser Aristokratie reicht nicht zu Witzen Shakespeare'scher Qualität.

- Ausgeprägt finden sich in dem Lustspiel Parodien oder parodistische Verwendungen wichtiger zeitgenössischer Begriffe, besonders aus Philosophie, Literatur und Kunst. Büchner benutzt Kategorien von Descartes (Cartesius), Spinoza, Kant, Schelling, möglicherweise auch Schopenhauer[107] und anderer – selbst Spuren von der Wirkung Voltaires[108] finden sich – sowie literarische Texte Goethes, Schillers, Tiecks, Brentanos und anderer.

Philosophische Parodien

Auch Heinrich **Heines Spottsucht** dürfte Büchners Ironie beeinflusst haben. Als er in einem Pressebericht der *Allgemeinen Zeitung* neben Heine und anderen als Beiträger der *Deutschen Revue* angegriffen wurde, war er auf diese Nachbarschaft stolz, denn sie gebe nach dem Bericht einen „Begriff von dem Erfolge“[109], während er sich sonst von dem „sogenannten Jungen Deutschland, der literarischen Partei Gutzkows und Heines“ distanzierte.[110] **Hegels Dialektik** habe Büchner, der sie zumindest bruchstückhaft kannte, dagegen mit Hohn überschüttet, wie Ludwig Wilhelm Luck aus beider Schul- und Universitätszeit mitteilte, und die „Taschenspielerkünste Hegelischer Dialektik“[111] mit ironischer Ablehnung bedacht. Viele Sprachspiele, besonders die satirischen sprachlichen Deutungen Valerios, der ein Taschenspieler ist (R 46/HL 32), sind dafür ein Beleg.

Heines Einfluss

107 Vgl. dazu auch Dedner 2001, S. 140.

108 Vgl. Nikolaus Dorsch: *„Wer einmal nichts hat als Verstand …“. Eine Anmerkung zu Büchners Voltaire-Lektüre.* In: Georg Büchner Jahrbuch, Nr. 5/1985, S. 297 f.

109 Vgl. Brief an die Familie vom 2. November 1835. In: Bergemann, S. 428.

110 Vgl. Brief an die Familie vom 1. Januar 1836. In: Bergemann, S. 430.

111 Mitteilungen Ludwig Wilhelm Lucks aus Schul- und Universitätszeit. In: Bergemann, S. 590 f.

3.7 Interpretationsansätze

Zusammenfassung

- Zum Verständnis der Werke Büchners folgen Leser:innen am besten den politischen Überzeugungen und weltanschaulich-philosophischen Ansichten des Autors.
- Eine besondere Rolle spielt Büchners „Fatalismus der Geschichte", dem sich der Mensch nicht entziehen, sondern den er allenfalls nutzen kann, um Fatalismus und freien Willen in Korrespondenz zu bringen.

Eindeutiges Weltbild, mehrdeutige Werke

Büchners Weltbild als Hintergrund

Kaum ein Werk ist so unterschiedlich, ja gegensätzlich interpretiert worden wie das Georg Büchners. Das trifft auch auf *Leonce und Lena* zu. Leser:innen sind gut beraten, wenn sie zum Verständnis der Werke Büchners politischen Überzeugungen und weltanschaulichen Ansichten folgen, wie sie sich insbesondere in *Der Hessische Landbote*, aber auch in zahlreichen Briefen finden. Auch sollte das in kurzer Zeit entstandene und auf Grund seines Umfangs **überschaubare Werk immer als Gesamtheit** betrachtet werden, wie es Büchner selbst auch tat. Zudem müssen bei ihm journalistische und künstlerische Arbeiten, historische Materialien und literarische Formgestaltungen gemeinsam gesehen werden, wie es zu Büchners Denk- und Arbeitsmethode gehörte.

Bauernszene als Beispiel

Doch selbst scheinbar eindeutige Aussagen stellen sich als kompliziert und vielschichtig heraus. Eine solche Szene ist im 3. Akt die 2. Szene, als Bauern sich „im Sonntagsputz" (R 71/HL 50) zur Huldigung des Brautpaares einfinden und sich am Abend „mit unseren Fäusten C(K)ocarden an die Köpfe" (R 72/HL 51) schlagen wollen. „Kokarden" waren **Abzeichen an den Jakobinermützen** während der Französischen Revolution von 1789. Sie galten in der Folgezeit als Symbol der Revolution in Europa. Die

Verwendung des Begriffs bei Büchner könnte man als Hinweis auf die latente revolutionäre Situation unter den Bauern verstehen. Thomas Michael Mayer schloss deshalb, „der Bauernszene wohne auch ein rebellisches Moment inne“[112]. Hauschild widersprach entschieden: Es sei „der Sarkasmus des Schulmeisters“ gewesen, der zu dem Begriff gegriffen habe, weil „die Untertanen im grotesken Ordnungssystem des Hof- und Einzugszeremoniells zu dressierten Statisten, ja zur lebenden Kulisse degradiert werden. Da liegt keine Revolte in der Luft.“[113] Das klingt zutreffender, als in der Kokarde ein rebellisches Moment zu sehen, obwohl auch diese Lesart vertreten wurde.[114] Eine dritte Lesart liegt näher; Büchner hatte mit Bauern seine Erfahrungen: Die Wirkung des *Landboten* bei ihnen war überschaubar; es wurde kolportiert, viele Bauern hätten Exemplare der Flugschrift bei der Polizei abgegeben. So liegt es nahe, in den „Cocarden“ in *Leonce und Lena* den heruntergekommenen Rest der einstigen Revolution zu sehen. Es wäre, im Sinne des Stückes, die **satirische Umwertung des einstigen Revolutionssymbols**.

Kokarde als Hinweis auf Revolution?

Der Fatalismus als Thema

Das wichtigste Thema des Lustspiels ist der Fatalismus. Langeweile und das Leben unter dem „grässlichen Fatalismus der Geschichte“[115], dem sich der Mensch nach Büchner nicht entziehen kann, bedingen einander. Die Langeweile ist die Reaktion auf diesen Fatalismus. Der Hochzeit zwischen Leonce und Lena, die auf königlichen Beschluss vorgesehen ist, entziehen sich die beiden Protagonisten Leonce und Lena, um ihrem freien Willen zu folgen. Doch eben dadurch tritt jene Hochzeit, der sich beide entziehen wollten, ein. Dem „Fatalismus“ muss sich der Mensch zu entziehen versuchen, mit aller Kraft. Das Ergebnis

Langeweile als Reaktion auf Fatalismus

112 So die Zusammenfassung in Hauschild 1997, S. 677.
113 Ebd.
114 Vgl. Martin, S. 187.
115 Büchners „Fatalismusbrief“. In: Bergemann, S. 395. Zur Datierung vgl. Anm. 7.

ist, was der Mensch mit seinem Willen dem Fatalismus der Geschichte abzutrotzen vermag. Das kann zur Übereinstimmung führen (Leonce und Lena), in diesem Fall mit Hilfe von Masken (Automaten), oder aber zum Widerspruch (Leonce und Rosetta). Das beschäftigte Büchner als Philosophen. Ein zweites wichtiges

Freiheit oder Determination?

Thema des Lustspiels wurde deshalb die **Philosophie**: Büchner parodiert philosophische Ansichten, da seiner Meinung nach keine geeignet ist, diesem Fatalismus aktiv zu begegnen:

> „Der Einzelne nur Schaum auf der Welle, die Größe ein bloßer Zufall, die Herrschaft des Genies ein Puppenspiel, ein lächerliches Ringen gegen ein ehernes Gesetz, es zu erkennen das Höchste, es zu beherrschen unmöglich.“[116]

Auseinandersetzung mit Fichte

Das Stück wurde durch diese philosophische Ebene zum komplizierten Text. Schon der Sechzehnjährige schrieb Teile seiner Rede *Heldentod der vierhundert Pforzheimer* aus Fichtes *Reden an die deutsche Nation* ab bzw. folgte den Ansichten Fichtes, vertrat aber mit der **Verteidigung der Französischen Revolution** eine Gegenposition zu Fichte[117] und behielt diese Ansicht bei. Das war auch die Folge einer frankophonen Haltung, die sich aus der Kenntnis der französischen Sprache und der Lektüre französischer Literatur wie George Sand und Zeitschriften wie der *Revue des Deux Mondes* ergab.

Thema Suizid

Der siebzehnjährige Georg Büchner befürwortete in einer Rezension den Selbstmord. Seine Argumentation ähnelte der Schopenhauers in seinem Werk *Die Welt als Wille und Vorstellung* (1819): Der Selbstmord sei kein Verbrechen, nur moralische Gründe sprächen gegen ihn. Beide stimmten darin überein, dass es dem Menschen, „welchem sein irdischer Zustand unerträglich geworden ist“, möglich sein muss, einen Zustand zu wählen,

---

116 Ebd.

117 Thomas Michael Mayer: Georg Büchner. In: Arnold I/II, S. 363.

Markus Meyer als Leonce und Nina Hoss als Lena in einer Robert-Wilson-Inszenierung des Berliner Ensembles 2003 © picture-alliance/ dpa | Stephanie Pilick

„von dem er noch hoffen darf und der auf keinen Fall schlechter sein kann als der verlassne“[118].

Die Maske des Narren und der Wert sinnvoller Tätigkeit

Philosophie-studium

Die Maske des Narren war für Georg Büchner die Waffe des Geistes gegen „Verächter, Spötter und Hochmütige“[119]. 1835 verstärkte Büchner sein Studium der Philosophie. 1836 bereitete er sich auf Vorlesungen „über die philosophischen Systeme der Deutschen“[120] in Zürich vor. Die Arbeit an *Leonce und Lena*

---

118 Georg Büchner: Kritik an einem Aufsatz über den Selbstmord. In: Bergemann, S. 469 f.

119 Brief an die Familie vom Februar 1834. In: Bergemann, S. 398.

120 Brief an Wilhelm Büchner vom 2. September 1836. In: Bergemann, S. 440.

verlief parallel. Es war kein Zufall, dass das Lustspiel mit satirischen Beschreibungen philosophischer Systeme und der parodistischen Verwendung philosophischer Kategorien gespickt ist. Für die dialektische Methode Hegels hatte Büchner ebenso wenig Verständnis wie für Immanuel Kants Sittengesetz; das waren Grenzen des Büchner'schen Denkens. Wie in ästhetischen Positionen markierte er philosophisch einen Wechsel, stand er „zwischen den Epochen, inmitten des Übergangs"[121], verstärkt durch das Fragmentarische seines Schaffens.

Materialistische Weltsicht

Aber der Weg war für ihn offen zur materialistischen Weltsicht. Büchners König Peter spricht von einem „System" und kalauert mit „Kategorien" dieses Systems: das „An-Sich", „der freie Wille", seine „Akzidenzien" usw. (R 47/HL 32). Diese Versatzstücke sind Begriffe, die bei Kant, Schopenhauer und anderen verwendet wurden. König Peters „freier Wille", sein männliches Glied, erscheint wie eine Parodie von Schopenhauers *Über den Willen in der Natur* (1836); König Peters „Akzidenzien" berühren sich mit Schopenhauers „Accidenz" (Zufälliges).[122]. Trotz seiner Witze über die Kategorien Hegels – mehr als die Begriffe kannte Büchner vermutlich nicht – war Büchner schon durch seine umfangreichen naturwissenschaftlichen Studien mindestens ein Natur-Dialektiker[123], der mit Schopenhauers Dialektik-Ablehnung nichts im Sinn hatte. Ein materialistisches Prinzip erkannte Büchner an, **sinnvolle Arbeit** war für ihn **Voraussetzung einer sinnvollen menschlichen Existenz**. Leonce wird auf seinen Beruf als König vorbereitet und kann nur Müßiggang und Langeweile als Beschäftigungen präsentieren. Die Monarchie erscheint sinnentleert, sinnlos und überflüssig geworden. Valerio begründet sein Narrentum aus dem Nichtstun und entwirft das Bild eines sinnlosen Daseins in einer sinnlosen Gesellschaft, in der auch einst ideelle Werte wie Religion sinnlos geworden sind.

---

121 Mayer, *Georg Büchner und seine Zeit*, S. 292.

122 Vgl. dazu: Ralph Wiener: *Der lachende Schopenhauer*. Leipzig 1996, S. 41.

123 Vgl. dazu: Thomas Michael Mayer: *Georg Büchner*. In: Georg Büchner I/II, S. 408.

Die Frage „Wer bin ich?"

Rätsel der Individualität

Dem folgt, dass **die zentrale Frage des Stückes**, von allen Personen gestellt, die ist, wer man denn sei. Da alle Gestalten in die Determination (Vorherbestimmung oder Fremdbestimmung) eingebunden sind, sind ihnen **Individualität und Persönlichkeit** fremd. Das ist Büchners zentrales Anliegen, im Grunde in der *Vorrede* angesprochen. Wer ist die vorbildhafte Gestalt, der vorbildliche Schriftsteller: der Ruhmsuchende oder der den Hunger Bekämpfende, also sozial Engagierte? Das Fragezeichen verstärkt den Charakter der Suche. Die Aufklärung versuchte, durch Vernunft und Edelmut den Menschen zu Weisheit und Güte zu führen. Die Weimarer Klassik hatte die harmonische Persönlichkeit zum Ziel, zu der sich der Einzelne vervollkommnen sollte. Büchner stellte nicht nur eine Gegenthese auf, sondern polemisierte indirekt gegen Schillers *Über die ästhetische Erziehung des Menschen* (1795), wo Neigung und Pflicht durch die Kunst versöhnt werden sollen. Büchner lernte es anders: Seine Lena stellt einen Widerspruch zwischen der Kunst und der Erziehung einerseits („Wir haben alles wohl anders geträumt mit unsern Büchern hinter der Mauer unseres Gartens", R 62/HL 44) und der Natur andererseits („Oh, sie ist schön und so weit") fest. Konfrontiert werden von Büchners Lena, die als Gewissen der unverbildeten Menschen wirkt, Wissenschaft, Bildung, Kunst (Bücher), Macht (Mauer) und gezähmte Natur (Garten) mit Grenzenlosigkeit, Natürlichkeit und Freiheit samt Ungebundenheit.

Gegenposition zu Aufklärung und Klassik

Die Personen spüren den **Verlust der Individualität,** vor allem Leonce: Der Prinz sehnt sich zu Beginn, „einmal jemand anderes sein" zu können (R 44/HL 30). Das ist eine Faust-Variation: Leonce ist ein satirisch gebrochener, „heruntergekommener" Faust, der sich sogar wie Faust das Leben nehmen will, aber unspektakulär von Valerio gerettet wird. Leonce weiß trotz seiner Liebe zu Lena nicht, „wer sie ist" (R 70/HL 50). Nur eine einzige Figur des Stückes ist sich sicher, wer sie ist: Rosetta, die Mätresse Leonces. Unter

Rosetta – ein Mensch unter lauter Puppenhaften

den Puppenhaften, Fremdbestimmten ist sie der Mensch, der sich vor dem Alleinsein fürchtet; sie singt: „Ich bin eine arme Waise" (R 51/HL 36). Ihre Liebe ist ebenso echt wie die Trauer, aber gerade wegen der Gefühle bleibt sie allein. Es kommt zwischen ihr und Leonce kein richtiger Dialog zu Stande, so sehr sie sich darum bemüht. Deshalb flüchtet sie sich ins Lied, in dem sie ihre Gefühle, ihre Befindlichkeit und ihre Einsamkeit als Mensch unter „Puppen" ausdrücken kann. „Ich fürchte mich ganz allein." (R 51/HL 36) Statt der Heiterkeit, mit der die anderen auf Fremdbestimmung reagieren, beherrscht sie der „liebe Gram", den sie mitnimmt: „Willst du nicht kommen mit mir heim?" (R 51/HL 36). Rosetta ist eine tragische Gestalt, denn für ihre Gefühle und ihre Liebe gibt es in Leonce' Welt keinen Platz.

Büchners Stück als *Faust*-Parodie

In einer scharfsinnigen Interpretation sah Hans Mayer in Georg Büchners *Leonce und Lena* auch **Goethes *Faust*** parodiert:

LEONCE UND LENA ALS PARODIE VON GOETHES _FAUST_

- Prinz Leonce parodiert „die Ekstasen und Krisen des Goethe'schen Faust".
- Faust erscheint als Lustspielfigur und das bereits in der 1. Szene.
- In der 1. Szene präsentiert sich Leonce als Faust (im Monolog) und Hamlet.
- Leonce möchte wie Faust ein Anderer sein, „das Ich und das Nicht-Ich".
- Leonce meint, in der Begegnung mit Lena den „höchsten Augenblick" zu erleben.
- Leonce parodiert Fausts Selbstmordversuch, selbst die kristallene Giftschale.
- Lena „ist Romantik plus Romantikparodie".

- Parallel dazu parodiert Büchner noch Hegels *List der Idee*.*

---
* Mayer, *Prinz Leonce und Doktor Faust*, S. 539.

Aus alledem könnte man annehmen, so Hans Mayer,

> „dass Büchner ausgerechnet dem Verlag Cotta, dem Verlag mithin der deutschen Klassik, ein Lustspiel eingereicht hätte, das insgeheim gar nichts anderes anstrebte als eine Demolierung der klassischen deutschen Literatur und ihrer philosophischen Grundlegung, des philosophischen Idealismus“[124].

---

124 Ebd., S. 535. Die anderen Zitate stammen von den S. 534 bis 539.

3.8 Schlüsselszenenanalysen

Leonce und Lena hat die Besonderheit, dass im Ersten Akt entscheidende Szenen für die Bildung des Konflikts, seine Konstituierung und Entwicklung aufeinander folgen wie These, Antithese und Synthese: Müßiggang bei Hofe (1.1.) – Narrentum als Gegensatz (1.1.) höfische Sterilität (1.2.) und emotionales Ausleben (1.3.). Das Leitmotiv wird durch „O wär ich doch ein Narr!" gebildet; es macht den Narren zur Wunschgestalt, zu der Leonce am Ende auch wird. (3. Akt, 3. Szene).

Schlüsselszene Nr. 1: Erster Akt, Erste Szene („Ein Garten. Leonce [halb ruhend auf einer Bank].") (R 43 f./HL 29 f.)

Kontext: Der Thronfolger Leonce ruht auf einer Gartenbank und gibt sich beschäftigt, allerdings nehmen ihn Nichtigkeiten und Sinnlosigkeiten, Kindereien und Belanglosigkeiten in Anspruch. Sein Hofmeister bedrängt ihn, sich auf die künftigen Regierungsgeschäfte vorzubereiten. Um ihn abzuwehren, beschreibt Leonce seine Tätigkeiten, die ihm zu nichts anderem Zeit gäben, die aber die Gesamtheit seines Wirkens ausmachen: Es ist sinnlos.
Schlüsselszene: Bei der Betrachtung der Szene kommt es weniger auf die Handlung und die szenischen Vorgänge an – sie sind sparsam –, sondern auf die Begrifflichkeit („Müßiggang", „Melancholie" und „Langeweile") und den Umgang der Beteiligten mit der Sprache. Das Lustspiel arbeitet mit einer Vielzahl von Begriffen, die in Inhalt und Funktion vielschichtig sind, auch an andere literarische Werke erinnern und bei genauer Betrachtung den Einblick in Wortfelder ermöglichen, die auch die parodistische Umkehr einbringen. Die Konzentration auf das Sprachliche unterstreicht die Anlage der Szene als Welt auf der Bühne. Vorbereitet wird das durch das Zitat des Jacques aus Shakespeares *Wie es euch gefällt* vor der 1. Szene, denn er trägt den berühmten Monolog vor: „Die ganze Welt ist Bühne, / Und alle Frau'n und

Männer bloße Spieler. / Sie treten auf und treten wieder ab, / Sein Leben lang spielt einer manche Rollen, / Durch sieben Akte hin." (2. Akt, 7. Szene)

Der Thronfolger Leonce wird von seinem Hofmeister zu einem Gespräch veranlasst, das der Bildung des Thronfolgers und seiner Fähigkeit zum Führen des Königreiches dienen soll, das aber letztlich nicht stattfindet. Die vom Hofmeister zu erwartenden Fragen beantwortet Leonce selbst und verhindert dadurch einen Dialog. Zum ersten Mal wird im Lustspiel Satirisches spürbar: Das erkennbare Königreich hat kaum die politische oder wirtschaftliche Bedeutung, um als Großmacht in Deutschland mitzubestimmen; durch den Namen „Popo" und die Nachbarschaft zum Reich Pipi wird es zusätzlich verkleinert. In dieser Kopplung von „König – Popo – Pipi" schwingt jedoch Märchenhaftes mit, das ironisch angelegt ist; damit wären alle Verkleinerungen ebenfalls erklärt. Der an den Kronprinzen gestellte Bildungsanspruch, vertreten allein durch den Hofmeister, nimmt sich bescheiden aus, kann aber von Leonce noch unterboten werden. Das Königreich macht in den hier erkennbaren Ansprüchen einen kümmerlichen Eindruck, wie so manche nach dem Wiener Kongress entstandenen neuen Strukturen, z. B. die neu entstandenen Großherzogtümer oder das Königreich Hannover.

An die Stelle des Dialogs tritt durch die Dominanz der Frage-Antwort-Technik des Thronfolgers ein künstlicher Monolog, der den Hofmeister zunehmend disqualifiziert und am Ende erreicht, dass er nur noch mit Wortwiederholungen („Sehr traurig, ...", „Melancholie") dem Thronfolger bestätigend antworten kann, während der von ihm scheinbar Widerspruch hören möchte. Da der bei diesem Unsinn nicht möglich ist, unterstellt Leonce, dass es zu seinen Ideen und Idealen keinen Widerspruch gibt. Die für ein szenisches Geschehen übliche Dialogführung als Ausdruck einer vernünftig geführten Verständigung auch über schwierige Themen verliert ihren Sinn und wird auf ein einseitiges, inhaltsleeres Monologisieren reduziert. Büchner liefert so einen ersten Einblick in das Geschehen an einem Duodezfürstentum. Ein zweiter Einblick schließt sich an, denn der Hofmeister ist eine in der Literatur der Zeit in mehrfacher Hinsicht bekannte Gestalt. Zahlreiche Schriftsteller und ausgebildete Akademiker sind am Anfang ihrer Laufbahn als Hofmeister tätig gewesen: Friedrich Hölderlin (1770–1843) gehört ebenso in die Gruppe wie J. M. R. Lenz (1751–1792), von dem das bekannte Stück *Der Hofmeister* (1774) stammt. Auf einen entscheidenden Lebensabschnitt dieses Dichters war Büchner im Oktober 1835 bei dem Pfarrer Oberlin im Elsass gestoßen und hatte in dem Zusammenhang an seine Eltern geschrieben: „Ich habe mir hier allerhand interessante Notizen über einen Freund Goethes, einen unglücklichen Poeten namens Lenz, verschafft."[125] Büchner dürfte differenzierte Vorstellungen von der Tätigkeit als Hofmeister gehabt haben. Dem Hofmeister in seinem Stück bleibt nach der Disqualifizierung im Gespräch nichts anderes als der Rückzug, mit allen Zeichen der Hochachtung („... entfernt sich mit einer tiefen Verbeugung"). Um das Maß der Nichtachtung voll zu machen, muss sich der Hofmeister von Leonce noch eine Beleidigung gefallen lassen: Der gratuliert ihm „zu der schönen Parenthese, die ihre Beine machen, wenn Sie sich verbeugen." Dem Hofmeister werden O-Beine, Parenthese bedeutet Klammer, vorgeworfen, ob er sie nun hat oder nicht. So erinnert die Eröffnungsszene an zeitgenössische Texte, mit denen Stück und Thema in Beziehung zu setzen sind. Der Hohn wird vergrößert dadurch, dass es sich bei „Parenthese" um einen sprachwissenschaftlichen Terminus handelt: Während der Kronprinz ein Gespräch unmöglich macht, nutzt er einen sprachwissenschaftlichen Terminus zur Verhöhnung des Hofmeisters. Doch ist das erst eine Ebene des Verständnisses.

Eine zweite wird durch die von Leonce favorisierten Tätigkeiten gebildet: Sie sind durchweg sinnlos, teils kindlichen Spielen entnommen wie auf einem Stein zu spucken, „dreihundertfünf-

---

125 Brief an die Eltern vom Oktober 1835. In: Bergemann, S. 427.

undsechzig Mal", was der Zahl der Tage im Jahr entspricht. Schon einmal spucken habe dem Tag seinen Sinn gegeben. Auch den Sand hochzuwerfen und mit der Hand aufzufangen erinnert an ein solches Spiel, das mit Zahl und Wappen einer Münze, um durch den Zufall irgendeine Entscheidung zu treffen. Das ist bei Wetten üblich, und für diese will es Leonce auch nutzen, bevorzugt bei Wetten mit sich selbst, womit die Wette freilich ihren Sinn verliert. Leonce entwickelt eine Welt der Sinnlosigkeit, in der er agiert bzw. in der sich auch wohlfühlt, mindestens in der Rolle des Thronfolgers. Nach Bildungsablehnung, Sinnlosigkeit als Handlungsprinzip werden die „Ideale" des Prinzen eines solchen Miniaturreiches angedeutet; auch sie leben von der Sinnlosigkeit, unterstützt von der Sprachlosigkeit: Ein Ideal ist Leonce, sich „einmal auf den Kopf" sehen zu können. Das ist ohne Hilfsmittel, von denen keine Rede ist, von vornherein unmöglich. Diesem Komplex von Sinnlosigkeit des Tuns und Denkens wird die Sprache zugesellt, mit der diese Wirklichkeitsausschnitte umgesetzt werden. Leonce fasst die Tätigkeiten im Begriff „Müßiggänger" zusammen. Der erfährt Zuordnungen wie „Melancholie" und „Langeweile".

Ehe die Szene beginnt, wird eine weitere, entscheidende Orientierung gegeben: Das Motto zum 1. Akt stammt aus Shakespeares Theaterstück *Wie es euch gefällt* (2. Akt, 7. Aufzug), das nach einem seinerzeit bekannten Roman *Rosalynd* (1590) von Thomas Lodge entstanden ist. Der Edelmann Jacques, aus dessen Text es stammt, möchte Narr sein und dessen „bunte Jacke" tragen dürfen. Dahinter verbirgt sich der Wunsch, die Welt als Bühne zu begreifen, über den Witz verfügen zu können und mit diesem diese Bühne zu kommentieren, wie es auch in Shakespeares *Hamlet* mehrfach anklingt. Valerio kann als Spiegelbild Leonce' gesehen werden, sie haben ein „spiegelbildliches Verhältnis"[126]. Die Melancholie wird durch ihn zu einer Weltsicht, deren sich

126 Ruvio, S. 145.

auch Leonce und Valerio bedienen: Sie denken und tun nichts; Valerio vollzieht diese Entscheidung mit vollem Bewusstsein, weil dieser Aristokratie nichts Lebenswertes mehr abgewonnen werden kann, und er macht das am Ende zur Lebensmaxime und zum Regierungsprogramm, wie es der angehende Staatsminister Valerio verkündet: Wer arbeitet, wird „unter Kuratel gestellt", und dann „legen wir uns in den Schatten und bitten Gott um Makkaroni, Melonen und Feigen" (R 80/HL 57). Mehr ist zu diesem sozial-gesellschaftlichen System eines absolutistischen Königreiches nicht mehr zu bemerken; es hat sich verbraucht und ist nur noch als Parodie denkbar.

Funktion: Durch diese Szene werden die Leser:innen/Zuschauer:innen in die Bedingungen des kleinen absolutistischen Hofes eingeführt, der eigentlich eine Karikatur und nicht lebensfähig ist. Der Thronfolger Leonce zeigt sich als unfähig, ein vernünftiges Gespräch zu führen, und ist sich selbst genug. Grundlage dafür wird ein Wortfeld, mit dem er seinen Zustand umschreibt: „Müßiggang, Melancholie, Langeweile". Das wird auch zum Programm des zukünftigen Staatsministers Valerio, eine von Shakespeare bezogene Narrengestalt, aber dieses Programm hebt sich endlich selbst in der Gestalt des „Narren" auf.

Schlüsselszene Nr. 2: Erster Akt, Erste Szene ([„Valerio, etwas betrunken, tritt auf."]) (R 44 f./HL 30 f.)

Kontext: Nachdem der Thronfolger Leonce Erziehung und Lebensführung seinem Hofmeister vorgestellt und diesen verabschiedet hat, nun wieder die Langeweile bestimmt, betritt der Landstreicher Valerio als gegensätzliches Angebot zum Hofmeister die Bühne. Er und der Thronfolger stellen eine Variante des in der Literatur- und Kulturgeschichte bewährten Paares Herr und Knecht dar. Valerio entwickelt ein alternatives Programm für Leonce, das in einem Narrenhaus gipfelt.

Schlüsselszene: Valerio geht auf die vorgefundene Situation ein. Er bezeichnet sich als einen Menschen mit „romantischen

Empfindungen", weil er in Leonce einen Repräsentanten dieser Lebensführung und Kultur angelegt sieht. Er beruft sich auf Elemente, die die volkstümliche Romantik in der Kunst und Literatur, z. B. in Gedichten Heinrich Heines und Joseph von Eichendorffs, und die Naturphilosophie der Romantik illustrieren, besonders die Friedrich Wilhelm Joseph Schellings (1775–1854): Wiese, Gras, Schmetterling, Bienen und Rose. Schließlich wird ein romantisch vorbildhaftes Figurenensemble angelegt: Alexander der Große, später kommt Napoleon dazu. Aber noch ehe Leonce Valerios Angebot der Metaphern oder Requisiten bedenken kann und in ihm einen Gleichgesinnten zu sehen meint, „der an Idealen zu laborieren" scheint, setzt Valerio seine Argumentation fort und verlässt das Thema „Romantik", um sich dem praktischen Leben zu widmen. Dem Gras wird der Ochse gegenübergestellt, der es frisst, und diesem der Mensch, der den Ochsen verspeist. Die romantische Gefühls-, Gestalten- und Bilderwelt wird von Valerio radikal zerstört und durch Requisiten des Schreckens und der Dummheit ersetzt, in der auch die Kunst nur noch schlichteste Gassenhauer anzubieten hat („Hei, da sitzt e Fleig' an der Wand", R 45/HL 31). Leonce sieht nicht, dass die Argumentation Valerios sein Weltbild zu zerstören droht, weil dieses Weltbild keine Konturen hat, also im Grund nicht zu zerstören ist. Er hält Valerios Argumentation für die Umsetzung der Ideale Valerios. Doch diese Ideale gibt es entweder nicht oder sie sind bisher in keine Argumentationskette geraten. Valerio verallgemeinert das in einer Abfolge von freundlichen Vorgängen, die nichts anderes bringen als Verderben („Man kann keinen Kirchturm herunterspringen, ohne den Hals zu brechen." usw.). Leonce tappt in die Falle und meint, man könnte über solchen Nachrichten „ein Narr werden". Damit wird das Motto des 1. Aktes aufgenommen und Leonce ist bereit zur „Erziehung".

Was er als ungewöhnlich empfindet, ist aber für Valerio der Aufruf, seinen Gegenentwurf eines Gemeinschaftslebens unter diesem Aspekt des Narren zu entwickeln. Er hält das Wirken des

Narren für eine berechtigte Lebensform, die einen Gegenentwurf zur Vernunft und auch zum feudal-absolutistischen Leben darstellt, der wiederum dem Leben Sinn zu geben versucht. Er entsteht, indem die romantischen Metaphern satirisch für die Wirklichkeit aufgearbeitet werden. Aus der Narrheit der anderen wird so die eigene „Vernunft" (R 45/HL 31). Die sinnlos gewordene Welt des Absolutismus verwandelt sich in die Welt der Narren: Repräsentanten der untergehenden Welt stehen für eine romantische Welt, die allerdings kaum weniger lebensfähig ist, aber wenigstens ist sie heiter: Valerio fühlt sich Alexander dem Großen verwandt (R 45/HL 31), der 1833 durch Droysens Biografie zu einem der Repräsentanten der späten Romantik wurde. Mitgedacht werden muss Napoleon I., der mit Alexander verglichen und in dieser Zusammenstellung auch von Büchner genannt wurde: Wenig später wirft Leonce Valerio die „Alexanders- und Napoleonsromantik" (R 57/HL 40) vor. Krone und Uniform zeichnen Valerio als Alexander aus. Würdenträger seiner Herrschaft sind der Generalissimus – ein Heupferd, der Finanzminister – eine Kreuzspinne, die Hofdame – eine Libelle, und die Frau des Herrschers – eine Bohnenstange. Abgehoben von diesem Personal der Herrschaft wird der „Leibmedicus" Kantharide – ein „Soldatenkäfer" oder die Spanische Fliege, aus dem der „Liebestrank" Cantharidin gewonnen wurde. Er galt als potenzsteigerndes Mittel, das zu einer anhaltenden Erektion führte; es wurde 1810 erstmals isoliert und zeigte seine aphrodisierende Wirkung schon zuvor bei den Truppen Napoleons beim Ägyptenfeldzug (1798–1801).

Das alles schafft die Voraussetzung für eine gesicherte soziale Grundlage, das „Narrenhaus nämlich" (R 46/HL 31), das an die Stelle der Struktur des absolutistischen Hofes tritt. Die absolutistische Herrschaft wird abgelöst von der Herrschaft der Narren in Verbindung mit der Natur. Dieser Entwurf ist ebenso lebensunfähig wie die Struktur des absolutistischen Hofstaates selbst, denn in beiden Konstruktionen spielen tätige Menschen kaum eine Rolle. Doch gibt es in Büchners *Woyzeck* eine lebensfähige Variante im Marktschreier, der in seiner „Bude" (R 13/HL 9) an die Stelle der menschlichen Vernunft, die er provokant ad absurdum führt, „viehische Vernünftigkeit" (R 13/HL 9) setzt und mit dieser Umkehrung die Voraussetzungen für ein Narrenhaus schafft.

Während das Volk im Königreich zwar vorhanden ist und täglich schuftet – einmal tritt es im Dritten Akt, Zweite Szene (R 71 f./HL 50 f.) als fast sprachunfähige Masse auf –, gibt es im Narrenhaus kein Volk mehr. Auch von Arbeit ist keine Rede, vielmehr erteilt Valerio der nutzbringenden Tätigkeit eine Absage und verkündet eine Utopie, in der Arbeit und sinnvolle Tätigkeit verpönt sind (R 46/HL 31 f.). Dafür herrschen „Nichtstun" und „Faulheit"; Valerio benennt den Zustand so, wie er ist, und beschreibt ihn nicht euphemistisch. Es ist jene Utopie, die am Ende des Stückes zum Programm des neuen Staatsministers Valerio wird, der aus Nichtstun und Faulheit das neue Staatssystem schafft. Ausgehend von der Romantik, in der diese Utopie als Programm des Müßiggangs scheiterte, kommt sie in der Gegenwart an, ist aber nur als Narrenhaus, als Ausnahmezustand, lebensfähig. Sinnfällig wird das durch den erneuten Einsatz des Gassenhauers am Ende der Szene „im Abgehen".

Funktion: Valerio erkennt in dem Spannungsverhältnis zu Leonce, dem Thronfolger, die Beziehung des Landes Popo zur Romantik, dabei stellt er die Lebensunfähigkeit eines solchen Königreichs fest, auch unter der Voraussetzung, ein Narrenhaus zu sein. Nur sehr beschränkt lässt sich der Zustand des Müßiggangs, euphemistisch für Faulheit, verwirklichen und leben. Damit wird die Handlung des Thronfolgers zu einem vorübergehenden Abschluss gebracht.

Schlüsselszene Nr. 3: Erster Akt, Zweite Szene („Ein Zimmer. König Peter wird von zwei Kammerdienern angekleidet.") (R 47 f./HL 32 f.)

Kontext: Die Handlung wird von draußen und dem Thronfolger nach drinnen und zum König verlegt. Der Zuschauer bekommt Einblick ins Zentrum der Macht. Der König Peter wird angekleidet und geht dabei seinen Regierungsgeschäften nach. Die Ankleideszene ist eine bevorzugte Demonstration in der Literatur. Berühmte Beispiele finden sich u. a. in Georg Büchners *Dantons Tod* (2. Akt, 1835), in Hans Christian Andersens Märchen *Des Kaisers neue Kleider* (1837) und in Bertolt Brechts *Leben des Galileo Galilei* (1939, 1945).

Schlüsselszene: Zwei Kammerdiener kleiden den König an. Währenddessen entwirft er sein politisches Tagesprogramm, das um den Begriff „denken" kreist: In einem Satz wird das Wort viermal verwendet. Für ein Staatsoberhaupt scheint eine solche Konzentration sinnvoll und angemessen zu sein, zumal der absolutistische Herrscher – um einen solchen handelt es sich – der alleinige Repräsentant seines Landes ist. Wenn sich König Peter dazu zwar Kammerdiener zum Ankleiden, aber keine angemessenen Gesprächspartner wählt, stützt das seinen Anspruch. Doch wird der Anspruch nicht mit einem entsprechenden Inhalt gefüllt, das Wort „denken" wird bedeutungsleer. Vielmehr qualifiziert der König sein Denken durch weitere Fachbegriffe, die allerdings ebenso ohne inhaltliche Bestimmung bleiben. Sinnbild dafür ist, dass der König dabei „fast nackt" (R 47/HL 32) herumläuft. Was er an Begriffen verwendet, lässt den zeitgenössischen Hintergrund der philosophischen Diskussionen ahnen. Aristoteles unterschied „Attribute" von „Akzidenzien", unter denen er zufällige unwesentliche Eigenschaften verstand. Für Descartes (Cartesius) und Spinoza waren die Attribute die das Wesen einer Substanz ausmachenden Merkmale, wobei Descartes zwischen dem Attribut der geistigen Substanz und dem der materiellen Substanz unterschied, Spinoza sah beides als Attribute einer einheitlichen materiellen Substanz. In der bloßen Aufzählung der Termini wird die geistige Beschränkung, ja Hilflosigkeit des Königs erkennbar. Die vom König genannten „Affektionen" weisen auf mehrere philosophische System der Zeit: Insbesondere in der Verneinung wäre Schopenhauer zu nennen, auch Immanuel Kants philosophisches System ist erkennbar: Danach muss ein Gegenstand auf einen Menschen eine bestimmte „Affektion" ausüben, um erkannt zu werden.

Den Höhepunkt der aus philosophischen Begriffen, die aber sinnentleert wurden, bestehenden Ansprache des Königs wird in zwei Konfrontationen erreicht, die Ausdruck dieser Sinnlosigkeit bzw. zur Verhöhnung der philosophischen Systeme werden. Einmal wird eine Alliteration zwischen „Moral" und „Manschetten" geschaffen; die durch den gleichklingenden Anlaut miteinander korrespondierenden Wörter haben nichts miteinander zu tun und werden philosophisch nicht vergleichbar. Ihre Inhalte bewegen sich auf unterschiedlichen und nicht vereinbaren Wirklichkeitsfeldern: „Moral" bedeutet Sitte und gehört zu einem abstrakten Verhaltenskodex; „Manschette" ist ein Kleidungsgegenstand, der allenfalls eine bestimmte soziale Stellung anzudeuten vermag. Jede Form der Planmäßigkeit und Zielbewusstheit des Denkens sind in dieser Zusammenstellung verloren gegangen. Ebenso fragwürdig wird die nächste Zusammenstellung: Der „freie Wille", eine zentrale Kategorie Immanuel Kants, wird in Beziehung gesetzt zum männlichen Glied: „... der freie Wille steht da vorn ganz offen." (R 47/HL 32) Jahrzehntelang beschäftigte sich Immanuel Kant mit dem „freien Willen", den er bereits 1785 im 2. Abschnitt der Grundlegung der *Metaphysik der Sitten* bestimmte. Kant gab dabei dem Individuum eine eigenständig bestimmende Rolle und setzte ihn frei von dem absolut geltenden göttlichen Willen, dem der Mensch auch unterworfen wäre. Der „freie Wille" setzte ein vernunftbegabtes Wesen voraus, das sich mit Hilfe seines Verstandes zu einem bestimmten vernünftigen Zweck seiner bediene. Damit wollte Kant jeglichen mechanischen Determinismus unterlaufen, der den Menschen als natürliches Wesen an der Kausalität der Erscheinungen ohne eigene Möglichkeiten teilhaben lässt. Als sittliches Wesen jedoch hat der Mensch einen „freien Willen", der sich im Sittengesetz und damit auch in der Moral auswirkt.

Die Verwirrung, die sich beim Nachdenken über die philosophischen Grundlagen seiner Herrschaft einstellt, lässt König Peter noch unsicherer über seine Arbeit werden, zu der er endlich finden will. Ein Knopf ist nun die letzte Rettung, der ins „Schnupftuch" geknüpft worden ist. Das entspricht dem vergleichbaren Erinnerungshinweis, sich einen Knoten ins Taschentuch zu machen. Das ist eine volkstümlich praktische Hilfe, die aber hier erneut in eine Sackgasse führt: Alles, was sich als Erinnerung ergibt, ist die tautologische Erkenntnis, dass man sich erinnern wollte. Der König, der in diesen komplizierten Vorgang die Kammerdiener einbezogen hat, gerät nun in „größte Verwirrung" (R 47/HL33). Aus dieser fast unlösbaren Schwierigkeit, seine eigene Arbeit und Wirksamkeit zu bestimmen und mit der Regierung zu beginnen, erlöst ihn die Erinnerung an sein Volk, die durch den versammelten Staatsrat eintritt. Um wieder zum Zentrum der Herrschaft zu werden, befiehlt er: „Gehen Sie symmetrisch" (R 47/HL 33), wodurch wieder eine Ordnung, wenn auch eine für die Situation sinnlose, hergestellt wird.

Der „freie Wille", der im Zentrum des Monologs von Peter steht, ist eine in dieser Zeit nachdrücklich behandelte philosophische Kategorie. Diese Kategorie wurde von Johann Gottlieb Fichte (1762–1814) in der Nachfolge Kants eine Stufe höher getrieben, indem er Freiheit als schöpferische Aktivität des Ichs verabsolutiert und zur absoluten Willensfreiheit erhebt, diese aber als sittliche Gemeinschaft aller Menschen versteht. Auch Fichtes Überlegungen schlagen sich in König Peters Jonglieren mit philosophischen Begriffen nieder, und zwar in dem Satz: „Die Substanz ist das an sich, das bin ich." (R 47/HL 32), nur dass der Versuch einer Bestimmung des Ichs hier jeden Sinn verloren hat. Büchner beließ es nicht bei dieser Verspottung, sondern ironisierte den „freien Willen" auch im *Woyzeck*, als der Doktor Woyzeck erklärt, wiederum im Zusammenhang mit dem männlichen Glied, denn es geht um das Harnhalten: „Woyzeck, der Mensch ist frei, in dem Menschen verklärt sich die Individualität zur Freiheit." (R 19/HL 12)

Funktion: Diese Herrschaft hat zwar einen Herrscher – den König Peter –, aber der verfügt über keine gedankliche Grundlage seiner Herrschaft und stützt sich ausschließlich auf Äußerlichkeiten, in der als zu gestaltende Wirklichkeit nur eine Zufälligkeit erscheint, die Ansätze von Obszönität aufweist, so wenn der „freie Wille" mit dem männlichen Glied korrespondiert. Obwohl der König schließlich sich selbst als Verwirklichung des obersten Grundsatzes der Lehre von Freiheit und Individuum erklärt – „Ich bin ich" –, gibt es in diesem absolutistisch-feudalen Umfeld nicht einen einzigen Ansatz für ein philosophisches System, auf dem diese Gesellschaft sinnvoll aufbauen könnte.

Schlüsselszene Nr. 4: Dritter Akt, Dritte Szene („Großer Saal. Geputzte Herren und Damen sorgfältig gruppiert.") (R 75 ff., HL 51 ff.)

Kontext: Die Handlung des Lustspiels erreicht Höhepunkt und Ziel. Auf die große Feier einer Hochzeit wartend, fehlt das Brautpaar. Alle Vorbereitungen scheinen vergeblich zu werden: „Es ist ein Jammer. Alles geht zu Grund." (R 72/HL 51) Vor allem droht das königliche Wort, Prinz und Prinzessin zu verheiraten, hinfällig zu werden. Nun gerät die Logik ins Wanken, denn wenn die Versprochenen nicht heiraten können, weil sie nicht anwesend sind, sei das nur bedingt logisch, es gäbe doch des Königs Wort. Der Präsident beruhigt aber: „Ein königliches Wort ist ein Ding ... das nichts ist."(R 74/HL 53) – Valerio erscheint mit Automaten, mit denen die Hochzeit „in effigie"(R 77/HL 55), also in Abwesenheit, durchgeführt werden kann.

Schlüsselszene: Die Flüchtlinge aus den Reichen Popo und Pipi kommen nach langer Flucht vor der geplanten Hochzeit am Ort der geplanten Eheschließung an. Sie wissen nicht, dass sie im Grunde die Versprochenen sind, denn sie haben sich auf der Flucht erst kennengelernt und dabei allerdings ineinander verliebt. Valerio erklärt ihr Schicksal, ohne das Geheimnis zu verraten. Valerio erklärt das Brautpaar, aber auch die Begleiter – er und die Gouvernante der Prinzessin – als nicht bestimmbare Individuen. Sie sind auf Grund dieser Spezifik austauschbar. Valerio drängt darauf, alle Spiegel wegzudrehen, aber selbst die „blanken Knöpfe" zu verstecken, um keine Spiegelbilder zu ermöglichen, weil das die Situation endgültig verwirre. Während sich für den König und seinen Hof auf dem Höhepunkt der Verwirrung die Situation zu klären beginnt – zwar nicht das Brautpaar, aber Gestalten sind da –, ersetzt Valerio das fehlende Brautpaar durch Automaten. Die verkleideten Leonce und Lena werden zu „zwei weltberühmten Automaten" (R 76/HL 54) erklärt. Valerio nutzt eine zeittypische, romantisch geprägte Unterhaltungsart, in der Automaten, Puppen und Marionetten in die Menschenwelt eindringen, sie teilweise ersetzen und nach den Beziehungen zwischen Mensch/Tier und Maschine fragten. Wirksam war zu dieser Zeit als Studienmaterial vor allem Julien Offray de La Mettrie (1709–1751) mit seinem Werk *L' homme machine* (*Der Mensch eine Maschine,* 1748), der am Hofe Friedrich II. von Preußen gemeinsam mit Voltaire und anderen wirkte. Um den Menschen in die materialistische, von Religion freie Erklärung des Lebens einzubeziehen, lag diese Parallelität auf der Hand. Valerio bezieht diese Erklärung in seine Interpretation der Automaten ein, die wie Menschen aussähen, aber nichts anderes seien als „Walzen und Windschläuche (...), die das alles sagen" (R 76/HL 54). Ähnliches findet sich in Büchners Werk mehrfach und betrifft Büchners dauerhaftes Interesse für Descartes, dessen „Ich denke, also bin ich" eine Gegenposition darstellte. Büchner sah den durch die Natur determinierten Menschen konfrontiert mit seiner Willens-

und Handlungsfreiheit. Diese Fragestellung hatte Büchner auch bei Jakob Michael Reinhold Lenz gefunden und ihn damit zum Repräsentanten in seiner Novelle *Lenz* gemacht. In *Leonce und Lena* führt er die Automaten, also die menschliche Maschine, auf den realen Menschen zurück.

Valerio, der selbst seine Stimme auf die Maschine umstellen kann und plötzlich „mit schnarrendem Ton" (R 76/HL 54) spricht, kennt die Menschen in diesen Automaten. Er gesteht ihnen zu, in ihrem Automatenleben das Modell des Menschen darzustellen, den es im Leben nicht gibt:

> „Sie sind sehr edel, denn sie sprechen Hochdeutsch. Sie sind sehr moralisch, denn sie stehen mit dem Glockenschlag auf, essen auf den Glockenschlag zu Mittag, und gehen mit dem Glockenschlag zu Bett, auch haben sie eine gute Verdauung, was beweist, dass sie ein gutes Gewissen haben." (R 76/HL 54)

Um den von gesellschaftlichen Zwängen gelösten Menschen zu demonstrieren, wird der Monolog König Peters aus dem 1. Akt, 2. Szene in einem Monolog Valerios im 3. Akt, 3. Szene variiert (R 76/HL 54), einen Rahmen zwischen Anfang und Ende bildend. Valerio zählt in satirischer Überspitzung programmatische Forderungen auf, die dadurch zur Parodie werden, nicht wie in Peters Rede durch die Sinnentleerung. König Peters Fragen – „(…) wo ist mein Hemd, meine Hose? – Halt, pfui! der freie Wille steht da vorn ganz offen. Wo ist die Moral, wo sind die Manschetten?" (R 47/HL 32) – werden von Valerio von einer veränderten Stilebene her beantwortet: „Sie [die Menschen, R. B.] haben ein feines sittliches Gefühl, denn die Dame hat gar kein Wort für den Begriff Beinkleider, und dem Herrn ist es rein unmöglich, hinter einem Frauenzimmer eine Treppe hinauf oder vor ihm hinunterzugehen." (R 76/HL 54) Dabei wird die latente Obszönität Peters in eine sterile Neutralität verwandelt. Die Manschetten stehen in Valerios Monolog an der richtigen Stelle, an der sie aber ebenfalls parodistischen Gehalt bekommen: „Sie sind sehr gebildet, denn die Dame singt alle neuen Opern, und der Herr trägt Manschetten." (R 76/HL 54)

Hatte König Peter für sein philosophisches System keine Inhalte zur Verfügung, so haben Valerios perfekte Menschen zwar eine formal hochentwickelte Moral, diese aber hat keine soziale Basis. Beide, der Herrscher und seine moralisch überlegen wirkenden Untertanen, bewegen sich in einem sozial entleerten Umfeld, in dem weder die Inhaltslosigkeit des einen noch die Sterilität der anderen, weder die Dummheit des Königs noch das automatisierte Verhalten der Untertanen auffällt.

Als die Automaten als Leonce und Lena in die Wirklichkeit zurückkehren, bleibt ihnen in Ermangelung von Alternativen nichts anderes übrig, als die sinnlose Maschinerie des Hofes zu bestätigen – „morgen fangen wir in aller Ruhe und Gemütlichkeit den Spaß noch einmal von vorn an." (R 79/HL 56) – und sich selbst daraus in ein ebenso sinnloses, von allen sozialen Elementen freies Märchenland zu begeben. Wiederum sind es sehr genau skizzierte philosophische Entwürfe, die einander begegnen: Der sinnlos gewordene absolutistische Herrscher mit einer sinnentleerten Philosophie wird konfrontiert mit einer mutlosen, scheinbar vollendeten, aber unerquicklichen Sittlichkeit; die beiden Möglichkeiten lassen nur die Flucht in ein Märchenreich übrig.

Funktion: Der Anfang des Stückes (1.1.–2.) bildet mit dem Schluss (3.3.) einen Rahmen, in dem sich Themen wiederholen und dabei variiert werden. Dabei geht es um die Verfassung des Menschen, um Moral und Wissen. Das Königreich Popo, stellvertretend für deutsche Duodezfürstentümer, weist seine historische Nutzlosigkeit aus. Aus diesem Grunde können sich die aktuellen Repräsentanten des Staates – der neue König und sein Staatsminister – in eine Art illusionäres Schlaraffenland mit „Makkaroni, Melonen und Feigen" (R 80 57) zurückziehen, das jedoch das Ende ihrer Existenz, ihres Volkes und des Landes ist.

REZEPTIONSGESCHICHTE

4

Zusammenfassung

- Das Lustspiel hat unterschiedliche bzw. gegensätzliche Urteile erfahren, eine Ursache liegt in der Vielfältigkeit der von Büchner benutzten Quellen.
- Heute wird *Leonce und Lena* vor allem als satirisches und groteskes Stück gelesen, das mit der versöhnlichen Heiterkeit von Lustspielen nichts mehr zu tun hat, dafür aber bis in die Nähe des absurden Theaters gerückt wird[127]: Leonce und Lenas Schicksal erscheint als Beispiel radikaler Absurdität.
- Andererseits werden die romantischen Bezüge des Stücks als Satire und Karikatur auf menschliche Moral, auf Kunst und romantisches Lebensgefühl betrachtet.

Satire auf Preußen-Könige?

Die Deutungsversuche begannen mit der Interpretation durch den Freund Büchners und bürgerlichen Demokraten Friedrich Wilhelm Schulz (1797–1860), der 1851 das Stück als **Satire auf die preußischen Könige** Friedrich Wilhelm III. und IV.[128] las und Valerios abschließendes Dekret „wenn nicht in den Staaten, doch in den Hofstaaten, schon lange und vier und dreißig Mal verwirklicht“ sah.[129] Damit war der Rezeptionsbeginn von dem Satirecharakter des Stücks bestimmt. Doch fand eine weitere Rezeption erst einmal nicht statt. Zwar war das Stück, von dem 1838 nur Auszüge veröffentlicht worden waren, bereits 1850 vollständig erschienen[130], aber Äußerungen wie die von Wilhelm Schulz waren die Ausnahme.

---

127 Vgl. Martin Esslin: *Das Theater des Absurden*. Reinbek: Rowohlt, 1965, S. 259 f.

128 Vgl. Dedner 2001, S. 121.

129 Wilhelm Schulz: *Nachgelassene Schriften von G. Büchner*. Zit. nach: Walter Grab: Georg Büchner und die Revolution von 1848. Der Büchner-Essay von Wilhelm Schulz. Text und Kommentar. Königstein (Ts.): Athenäum, 1985, S. 61 f. – Die Zahl 34 bezieht sich auf die selbstständigen monarchischen Staaten im Deutschen Bund, zu denen vier freie Reichsstädte kamen.

130 Georg Büchner: *Nachgelassene Schriften*. Hrsg. von Ludwig Büchner. Frankfurt a. M. 1850 (vollständiger Abdruck).

„Nach Byrons Art“

Ganz anders als Schulz verstand der Germanist **Karl Viëtor** (1892–1951) 1934 das Stück. Für ihn war es „ein graziöses Kammerstück mit Nachklängen romantischer Lebensstimmung und Wortwitzelei, mit seiner genialischen Melancholie nach Byrons Art und seinen Anknüpfungen an den modernen Komödienton des von Büchner geschätzten Musset“[131]. Ähnlich hatte schon früher der sonst sehr sensible Theaterkritiker Paul Landau (1880–1951) in Leonce ein Abbild Büchners erkannt, „ein geheilter, geläuterter Melancholiker und Phantast“[132].

Naturalistische Büchner-Leser:innen

Die Uraufführung 1895 setzte einen Höhepunkt unter **die naturalistische Beschäftigung** mit Georg Büchner: In der dem Naturalismus nahen Zeitschrift *Mehr Licht!* war 1878 Büchners *Woyzeck* erstveröffentlicht worden. Richard Voß' Roman *Bergasyl* (1881) charakterisierte seinen Helden durch die Lektüre von Büchners *Leonce und Lena*. Er hatte Lenas Worte angestrichen: „(...) es gibt Menschen, die unglücklich sind, unheilbar, bloß weil sie sind.“ (R 66/HL 47) Rezensionen, Ehrungen wegen seines „cynischen, bis zur Brutalität gehenden Naturalismus“[133], Montagen (und Huldigungen wie in Wilhelm Arents *Verschollene Dichter*, 1887) schlossen sich in der Zeit des Naturalismus an. Am 17. Juni 1887 sprach Gerhart Hauptmann (1862–1946) im Verein *Durch* über Büchner und schrieb seine Novelle *Bahnwärter Thiel* (1888) in dessen Tradition. 1895, der Naturalismus hatte seinen Höhepunkt überschritten, fand in München die Uraufführung[134] von *Leonce und Lena* statt. Max Halbe hatte das „Intime Theater“ ins Leben gerufen, ein Treffpunkt naturalistischer Schriftsteller; Otto Erich Hartleben aus Berlin reiste an, und der österreichische Kritiker Hermann Bahr berichtete dar-

Uraufführung in München 1895

131 Karl Viëtor: *Karl Georg Büchner*, in: Martens 1965, S. 13.

132 Paul Landau: *Leonce und Lena*, in: Martens 1965, S. 50.

133 Robert Prölß: *Geschichte des neueren Dramas.* Leipzig 1883, 3. Band, 2. Hälfte, S. 291.

134 Vgl. dazu: Ingeborg Strudthoff: *Die Rezeption Georg Büchners durch das deutsche Theater.* Theater und Drama Bd. 19, Berlin 1957, S. 37 f.

über.[135] Oskar Panizza, er spielte Hofmeister und Hofprediger, hatte 1894 Automaten in Menschengestalt in seiner Komödie *Der heilige Staatsanwalt* eingesetzt und fast eine Variante zu Büchners Lustspiel geschrieben, der Kulturhistoriker Eduard Fuchs (1870–1940), der den Schulmeister spielte, gab 1896 in seiner „Sammlung gesellschaftswissenschaftlicher Aufsätze" Büchners *Hessischen Landboten* heraus.

Heiteres Lustspiel oder beißende Satire?

Seit der Uraufführung von *Leonce und Lena* 1895 und nachdem es 1911 im Residenztheater Wien (Regie: Julius Wolf) aufgeführt worden war und es 1912 von Gustav Lindemann in den Spielplan des Düsseldorfer Schauspielhauses aufgenommen wurde, gehört das Stück **bis heute zum Repertoire deutscher Bühnen** und wird häufiger aufgeführt als andere Stücke Büchners. Zwei unterschiedliche Aufnahme- und Inszenierungsmodelle stechen hervor: die Aufnahme als „heiter-spielerisches Lustspiel" und als „beißende Satire". Die **„zweigleisige" Rezeptionsgeschichte** wurde mit der „Ambivalenz" des Stückes erklärt, in dem sich „Romantisch-Heiteres und Politisch-Satirisches in eigentümlicher, ja paradoxer Weise miteinander verbindet"[136]. In den Jahren zwischen 1981 und 1985 gab es zum Beispiel mehr als 30 Inszenierungen, darunter in Stockholm (Regie: Tomas Melander), Bochum (Regie: Claus Peymann), Karlsruhe (Regie: Günter Ballhausen), Köln (Regie: Jürgen Flimm), München (Regie: Dieter Dorn) und Hamburg (s. S. 101 f. dieser Erläuterung). Allein 2000/2001 gab es Inszenierungen in Rotterdam (Oktober 2001), Landesbühne Niedersachen-Nord (September 2001), Waggonhalle Kulturzentrum e. V. Marburg und Ingolstadt (Mai 2001), in Minnemeers (Niederlande) und Warszawa (Polen), Wien und Strasbourg. Auffallend viele Gymnasien inszenierten das Stück.

Das Stück war nie unumstritten, es wurde aber unterschiedlich bis gegensätzlich gelesen und verstanden. Der Schweizer

---

135 Adalbert von Hanstein: *Das Jüngste Deutschland. Zwei Jahrzehnte miterlebter Literaturgeschichte.* Leipzig: R. Voigtländers Verlag, 1901, S. 312.

136 Hiebel, S. 127.

Schriftsteller **Robert Walser** (1878–1956), der Büchner liebte und als Stern am Himmel deutscher Dichtung feierte, sah in *Leonce und Lena* kein glänzendes Lustspiel:

> „(...) was den Humor in dieser sicher sehr vornehmen Posse betrifft, so scheint mir Tatsache zu sein, er sei unecht, indem er sich gleichsam vor sich selbst hochachtungsvoll verbeuge, und was die Schönheit des Stückes betrifft, so würde ich sie als fein bezeichnen, immerhin aber beifügen, sie stehe nicht ganz auf eigenen Beinen, es sei ein bisschen viel Anlehnung dabei."[137]

Der Grund für diese Abwertung liegt auf der Hand: Walser nahm die sozialen, philosophischen und kulturellen Bezüge des Stückes zu Büchners Gegenwart nicht wahr und sah das Stück nicht als ironische Brechung der Erfahrungen Büchners.

Boom um 1968

Eine besondere Aufmerksamkeit erlebte das Lustspiel um 1968, als der **Bruch mit Konventionen** und das Hinterfragen erstarrter, vor allem akademischer Normen besonders Konjunktur hatten. Eine Inszenierung 1976 in Eisleben (Regie: Peter Ibrik) ließ den Hofstaat nach den Klängen eines Glockenspiels wie aus einem Raritätenkabinett marionettenähnlich aufziehen. Über eine Inszenierung in den Münchener Kammerspielen wurde 1981 berichtet:

> „Zu Beginn werden die Hauptfiguren in Puppenkartons mit Zellophandeckeln hereingetragen. Man versteht: willenlose Puppen, die man tanzen lässt! Am Ende wiederholt sich der Vorgang, als Valerio (Lambert Hamel) der Hofgesellschaft im Ton eines Marktschreiers die Ankunft der beiden ‚weltberühmten

---

137 Robert Walser. *Ein Dramatiker*. In: ders.: Dichteten diese Dichter richtig? Eine poetische Literaturgeschichte. Hrsg. v. Bernhard Echte. Frankfurt a. M. und Leipzig: Insel Verlag, 2002, S. 120.

> Automaten' verkündet. Als die Identität des Paares festgestellt ist, können die Polizeidiener abtreten. Als solche agieren im Reiche Popo dem FBI nachempfundene und mit krächzenden Sprechfunkgeräten bestückte Bereitschaftskommandos."[138]

Fremdbestimmung heute

In einer Inszenierung des Zwickauer Sero-Theaters (Regie: **Egmont Elschner**) im Oktober 1997 ersetzte man die Puppenkartons durch Flimmerkisten und deutete damit die moderne Art der Fremdbestimmung an. Junge Menschen sind demnach durch **moderne Massenmedien** einem ebenso sinnlosen Leben ausgesetzt wie Leonce und Lena.[139] Eine ähnliche Lösung für die Fremdbestimmung fand man 1999 in einer Inszenierung am Theater Junge Generation in Dresden (Regie: **Martin Nimz**) – gedacht für Kinder von zwölf Jahren an, was wohl doch den Text unterschätzt –, wo sich alle Figuren am Ende auf einer Spieluhr drehten.

Kortners „böses Ende"

Berühmte Regisseure nahmen sich des Stückes an; fast eine Modellaufführung wurde die **Fritz Kortners** (1963), Beispiel für „die Schönheit des Denkens und Spielens darin": So urteilte Benjamin Korn, der die Inszenierung in einer Fernseh-Aufzeichnung sah und sie für die eigene Inszenierung 1982 am Hamburger Thalia-Theater nutzte. Korns Finale war weniger schön als böse:

> „Leonce und Lena kehren an den Hof zurück. Die Liebenden merken, dass sie doch nur Prinz und Prinzessin sind. Man hat geheiratet – und ist jetzt sehr verstimmt. Doch einen Moment lang nimmt das junge Königspaar die neuen Rollen an, gibt der Dienerschaft huldvoll Befehle. Das ist ein politisches, ein böses Ende. Darauf folgt ein poetischer, ein todtrauriger Schluss. Während der König Leonce (wie einst der Prinz Leonce) redet

---

138 Helly M. Reifferscheidt: *Leonce und Lena in Puppenkartons*. In: Die Weltbühne. Berlin 1981, Nr. 28, S. 875.

139 Vgl. dazu Jan-Dirk Franke: *Verklärtes Märchen mit Zeitbezug*. In: Freie Presse, Chemnitz 1997, 11./12. Oktober.

> und redet, legt sich Lena in ihrem Holzkarren, mit dem sie die Reise nach Popo gemacht hat, auf die Kissen. Leonce merkt nichts, oder es ist ihm gleich, er redet weiter. Die Prinzessin schläft ein. Die Komödie ist zu Ende, die Liebe gestorben."[140]

König im T-Shirt, Leonce mit langen Haaren

Eine Inszenierung des Lustspiels fand am Nationaltheater Weimar am 27. Januar 1990 (Regie: **Leander Haußmann**) statt. Haußmann erinnerte an die Rezeption im Umfeld der 68er, die tradierte autoritäre Normen in Kultur, Wissenschaft und Politik verändern wollten: Der König erschien im T-Shirt mit dem Aufdruck „Satisfaction", Leonce mit langen Haaren und der obligaten Nickelbrille; Lena kam mit Freund und Auto auf die Bühne, der Text wurde mit fremdsprachigen Versatzstücken versehen. Die Inszenierung wollte kein mögliches Leben zeigen, sondern die Unverbindlichkeit, in der eine zukunftslose Gesellschaft erstarrt ist und in der dramatische Konflikte, ja tragische Lebensläufe als Karikatur dienen. Haußmann machte aus dem Kreislauf das Chaos. – Eine Inszenierung bei den Salzburger Festspielen 1975 mit **Klaus Maria Brandauer als Leonce**, Sylvia Manas als Lena und Peter Brogle als Valerio (Regie: Johannes Schaaf) kam am 9. August 1997 ins Fernsehen (3sat) und war von unverminderter Eindringlichkeit.

Inszenierung von Johannes Schaaf

Salzburger Fernsehfassung 1997

Reduktion auf Kalauer und Schockwirkung

Im Mai 1998 inszenierte **Andreas Kriegenburg** *Leonce und Lena* sehr frei und ganz modernistisch am Münchner Residenztheater. Die ersten zwei Akte waren „Spaß. Aber jetzt wird's lustig"; so kündigte der Präsident den 3. Akt, die Hochzeit, an. „Im Niemandsland Popo ist alles hoffnungslos, aber nichts und niemand ernst."[141] Groteske Überhöhung und Abweichung von Büchners Vorlage bestimmten die Inszenierung. Die einsame Rosetta wurde vom Schulmeister, Hofmeister und Zeremonienmeister vergewaltigt. Büchners scharfsinnige Bestimmung der

140 Benjamin Henrichs: *Das Märchen ist ganz musikalisch. Georg Büchners „Leonce und Lena" am Thalia Theater.* In: DIE ZEIT vom 23. April 1982, S. 50.

141 Vgl. Gabriella Lorenz: *Königreich der Müßiggänger*. In: Berliner Morgenpost vom 5. Mai 1998.

Sven Walser als Valerio und Raphael Dwinger (r.) als Leonce in einer Inszenierung am Hamburger Ernst-Deutsch-Theater 2020

Fremdbestimmung, hergeleitet aus einer konkreten sozialen Situation, wurde wie das Stück demontiert, um Platz für Kalauer und situationsbedingte Schockwirkungen zu bekommen. – Noch ärger, wie ein Kritiker berichtete, geriet 2001 eine Inszenierung am Schauspiel Leipzig (Regie: **Michael Thalheimer**), wo Büchner zum Stichwortgeber wurde und sonst ein „Verdummungsprogramm" des Fernsehens ablief, den Akteuren „ein krampfartiges Irresein" zugeordnet wurde und sich der Rest – „solcherart Quatsch" fast ohne Büchners Text –, „um primäre und sekundäre Geschlechtsmerkmale rankte"[142]. Eine andere Kritik der Inszenierung vermerkte im angestrengten Versuch, dem zuvor

142 Gottfried Blumenstein: *Früh verstorbener Meister als Stichwortgeber*. In: Freie Presse, Chemnitz 2001vom 20. März.

hochgelobten Regisseur gerecht zu werden, dass „durch radikale Striche Raum geschaffen (wurde) für die ausführliche Bebilderung einer psychopathologischen Studie“[143]. Die hatte Büchner nicht geschrieben und wollte sie nicht schreiben; ihm ging es um die Fremdbestimmung des Menschen im Geschichtsprozess.

Kooperation von Robert Wilson und Herbert Grönemeyer

Erhebliche Aufmerksamkeit erzielte **2003** eine **Inszenierung am Berliner Ensemble**, bei der der US-Amerikaner Robert Wilson Regie führte und Herbert Grönemeyer für Bühnenmusik und Songs verantwortlich zeichnete; in den Hauptrollen waren Stefan Kurt und Nina Hoss zu sehen. 2008 inszenierte der bulgarische Theaterregisseur Dimiter Gotscheff (1943–2013) *Leonce und Lena* am Thalia-Theater Hamburg.

Inszenierung von Robert Wilson

143 Evelyn Finger: *Exzentrischer Witz*. In: DIE ZEIT Nr. 13, 22. März 2001, S. 56.

MATERIALIEN 5

„Märchenhaftes Lustspiel"

Die ersten Einschätzungen des Lustspiels kamen aus dem Freundeskreis. Nachdem es in der Ausgabe von Karl Emil Franzos 1879 (ausgeliefert 1880) erschienen war, schrieb **Büchners Jugendfreund Georg Zimmermann** in einer Besprechung:

„*Leonce und Lena*, wovon die ursprüngliche Gestalt nur im ersten Akt wieder aufzufinden war, ist ein politisch-satirisches und zugleich märchenhaftes Lustspiel, das an die Fantasien eines Tieck und Brentano erinnert, aber sich vor der Geschwätzigkeit und Weichlichkeit dieses Dichters bewahrt, unsere moderne Romantik von den Schlacken reinigt und das von dieser Goldwäsche zurückbleibende edle Metall durch eine männliche Gesinnung schmiedet. Die Handlung ist nicht verwickelt. (...) Der übersprudelnde Witz hat eine Shakespeare'sche Färbung und ist mit seinem erhabenen Vorbilde leider auch in dem abstoßenden Zynismus verwandt."[144]

„Entmächtigung des Menschen"

In dem Lustspiel wurde von Literaturwissenschaftlern wie **Marianne Kesting** das Märchen im Märchen, das **Theater im Theater** gesehen. Darin erblickten sie die Folge der „Entmächtigung des Menschen", der als Puppe behandelt würde:

„In dem Lustspiel *Leonce und Lena* (1836) dringt der Gedanke von der Entmächtigung des Menschen durch die Geschichte in die Form ein, und zwar löst sich dieser tragische Gedanke parodistisch in der Lustspielsymmetrie, inhaltlich wird er im Märchen aufgenommen. *Leonce und Lena* ist (...) die ‚Deutung

---

144 Mitgeteilt von Jan-Christoph Hauschild. In: Georg Büchner Jahrbuch, Nr. 5/1985, S. 345: Georg Zimmermann: Georg Büchner und die Gesamtausgabe seiner Werke. In: Beilage zur Allgemeinen Zeitung, Nr. 143 vom 22. Mai 1880, S. 2083.

des Lebens als Komödie'; im Moment der Entmächtigung des Menschen durch die Geschichte wird das Leben maskenhaft, es führt zur Metapher des Puppenspiels."[145]

Sozialkritik an Feudalismus

Das Stück wurde als soziale Kritik an der Aristokratie und an der Herrschaft des Feudalismus gelesen:

„In *Leonce und Lena* nimmt er [Büchner, R. B.] einer sterbenden Klasse die Maske ab. Hinter der zur Schau getragenen noblen Nonchalance und dem geistreichen Gerede verbirgt sich ihr hippokratisches Gesicht, die Langweile, ihre Aporien, ihre Perspektivlosigkeit. Diese Komödie gleicht einem Totentanz, seiner letzten, euphorischen Szene."[146]

Büchner auf Augenhöhe mit Shakespeare

Bertolt Brecht stellte Büchner in eine Reihe mit Goethe und Schiller, Kleist und Lessing, vor allem aber mit Shakespeare. Als er eine Art Handreichung für junge Dramatiker vorbereitete, entwarf er als Empfehlung:

„(...) wir müssen immer von neuem Shakespeare studieren (allerdings nicht an Hand unserer Bühnenaufführungen). Bedenken Sie, dass über ein Dutzend Stückeschreiber um 1600 diese Bauart beherrschten, nicht alle von ihnen Genies.

Wir müssen vor allem die unaufhörlichen Experimente unserer Klassiker studieren. Welche Unterschiede zwischen den *Räubern* und dem *Tell*, zwischen dem *Faust* und der *Iphigenie* und dem *Bürgergeneral*, zwischen *Woyzeck* und *Leonce und Lena*."[147]

---

145 Marianne Kesting: *Zur Struktur des modernen Dramas.* In: Episches Theater. Hrsg. von Reinhold Grimm. Neue wissenschaftliche Bibliothek 15. Kiepenheuer & Witsch: Köln, Berlin, 1966, S. 312.

146 Alfons Glück: *„Herrschende Ideen": Die Rolle der Ideologie, Indoktrination und Desorientierung in Georg Büchners Woyzeck.* In: Georg Büchner Jahrbuch, Nr. 5/1985, Frankfurt a. M.: Evangelische Verlagsanstalt, 1986, S. 55.

147 Bertolt Brecht: *Verschiedene Bauarten von Stücken* (1955). In: ders.: Schriften zum Theater. Bd. VII. Berlin und Weimar: Aufbau-Verlag, 1964, S. 348 f.

Literaturkritiker hat nicht zuletzt die Vieldeutigkeit des Lustspiels beschäftigt:

Vieldeutigkeit des Stücks

> „Dass Büchners Komödie *Leonce und Lena* nicht eben häufig gespielt wird, hat seine Gründe – wie mag das Stück gemeint gewesen sein, wie lässt es sich heute sehen und verstehen? Deutungen gibt es die Menge; sie reichen vom romantischen Lustspiel über parodistisches Puppentheater bis zur satirischen Märchenparabel. Von allem hat das Stück Elemente, da mischt sich manches, Schönheit und Schwierigkeit, Fantasie und Wirklichkeit, nüchterner Weltschmerz und aggressive Gesellschaftskritik, Lebensüberdruss und spöttischer Elan durchdringen sich oder wohnen dicht beieinander."[148]

Sinnloser Gesellschaftsbetrieb

Geblieben ist ein intensiver dauerhafter Umgang mit einem Lustspiel, bei dem am wenigsten das Lustspielhafte interessiert, dafür mehr die Darstellung eines sich sinnlos bewegenden Staats- und Gesellschaftsgetriebes mit einer geschäftigen, aber funktionslos gewordenen Beamtenschaft und einer Welt, die für den Einzelnen immer trostloser, weil unverständlicher wird.

---

148 Günther Cwojdrak: *Warten auf Büchner.* In: Die Weltbühne. Berlin 1978, Nr. 38, S. 1198.

6 PRÜFUNGSAUFGABEN MIT MUSTERLÖSUNGEN

Die Zahl der Sternchen bezeichnet das Anforderungsniveau der jeweiligen Aufgabe.

Zwei weitere Aufgaben finden Sie nach kostenfreier Registrierung unter https://www.lektueren-verstehen.de in unserem Lektürehilfen-Portal.

Aufgabe 1 **

Das Motto vor der 1. Szene des 1. Aktes nennt den Narren eine erstrebenswerte Existenz. Welche Bedeutung hat der Narr für das Welt- und Geschichtsbild in Büchners *Leonce und Lena*?

Mögliche Lösung in knapper Form

Das Zitat zu Beginn von Büchners Lustspiel „O wär ich doch ein Narr!" stammt aus Shakespeares Theaterstück *Wie es euch gefällt* (1599). Jacques, ein Begleiter des verbannten Herzogs Senior, trägt nichts zur Handlung bei, will auch nichts bewirken, sondern kommentiert nur. Dabei ist seine Grundhaltung sowohl melancholisch als auch zynisch. Nachdem Jacques im Wald einen wirklichen Narren getroffen hat, will er nichts anderes mehr sein als ebenfalls ein Narr. In diese Idee versteigt er sich, kommentiert für das Publikum die vom Autor geschaffenen Vorgänge und wird so zum Partner von Autor und Publikum. Die Bühne wird für ihn zur Welt oder die Welt zur Bühne. Sein Monolog ist weltberühmt, in dem er das Leben des Menschen in sieben Zeitaltern, von der Wiege bis zur Bahre, vorstellt. Es kommt hinzu, dass der Narr in den damaligen Traditionsbeziehungen eine große Rolle spielte. Die Zeit des Harlekin war noch nicht lange vorüber und hatte sich in manchen dramatischen Formen, wie dem Puppentheater und der Commedia dell' arte, bis in die Gegenwart erhalten. Für Georg Büchner wurde z. B. Carlo Gozzi (1720–1806) eine wichtige Bezugsgestalt, in dessen Werk narrenhafte

Gestalten wesentlich waren. Die Typen des volkstümlichen Lustspiels, der Pantalone und der geistig rege Diener, ein Verwandter des Harlekins, waren seinerzeit aktuelle dramatische Figuren. Die Typen waren während des Spiels maskiert, so wie Büchners Flüchtlinge vor der Hochzeit in effigie. Gozzi war ein Meister dieses Typs. Die Verwicklung der geplanten Hochzeit in Büchners Lustspiel entspricht Mustern dieser italienischen Stegreifkomödie, die während des Spiels immer neu nach einem Szenarium erfunden wurde.

Dem Motto von Shakespeare in Büchners *Leonce und Lena* folgt ein Monolog des Leonce. Wenn der Zuschauer meint, im anschließenden Monolog von Leonce einen solchen Narren gefunden zu haben, wird er bald eines Besseren belehrt: Der Kronprinz ist in dem Zustand, in dem er sich präsentiert, ein Dummkopf. Das Leben am Hofe und die dort geforderte Erziehung haben ihn dazu werden lassen. Aber der bald darauf eintretende Valerio, „etwas betrunken", erweist sich als ein Geistesverwandter des Narren Jacques von Shakespeare.

Zwischen Valerio und ihm entwickelt sich ein Gespräch, in dem der Narr eine zentrale Rolle spielt. Valerios Interpretation der Welt und der menschlichen Möglichkeiten erscheint Valerio als Gefahr dafür, „ein Narr werden" zu können. Valerio sieht sich davon bedroht. Doch Valerio stellt diese Möglichkeit als eine bedenkenswerte und akzeptable heraus, denn „so wäre man doch etwas". Damit wird deutlich, dass ihm die feudale Hierarchie mit ihren Abhängigkeitsverhältnissen, in denen der König eine hohe Stellung einnimmt, nichts bedeutet. Um das zu unterstreichen, spielt er mit Titeln und historischen Namen ein Spiel und untermauert damit die Gültigkeit seiner Auffassung. An die Stelle der monarchischen Namen – Alexander der Große wird als Beispiel gegeben – werden Tiere und Pflanzen eingesetzt. Den Höhepunkt bildet der „Leibmedicus Cantharide", ein Einfall, wie er dem Dichter und Naturwissenschaftler Büchner kommen konnte; der Blasenkäfer oder die Spanische Fliege (Cantharide) lebt als Larve schmarotzend bei Bienen, dient aber in der Heilkunde in Form des Cantharidins. Bei Büchner wird durch die Aufzählung eine fortwährende Steigerung beschrieben: von der Armee über das Geld und die Ehefrau – als Voraussetzung für einen „Erbprinzen" –, doch selbst das wird anderen überlassen, der gegen Harnleiden u. a. eingesetzten Medizin Cantharidin.

Valerios Existenzform ist das „Narrenhaus", in dem man versorgt und betreut werde. Diese Darstellung wird am Ende des Stückes aus dem Programm zur Realität, indem Valerio zum Staatsminister aufsteigt. Müßiggang und Nichtstun werden unter seiner Regierung zum sozialen Prinzip erhoben. Damit bekommt das Lustspiel märchenhafte Züge, ohne ein Märchen zu werden, denn die Realitätsferne liegt auf der Hand: Das Lustspiel wird endgültig zur Satire auf das feudalabsolutistische System – an die Stelle der ein sinnloses Leben führenden Herrscherfamilie tritt das die Arbeit zur strafbaren Handlung machende Volk. Damit wäre das Reich, seiner Existenzgrundlage beraubt, hinfällig.

Der Gedanke, der anfangs nachdrücklich erörtert wird, bekommt eine leitmotivische Funktion. Im Gespräch zwischen Leonce und seiner Geliebten Rosetta sieht diese bei Valerio Voraussetzungen, dass er ein Narr sein könnte. Wie er die sterbende Liebe beschreibt und ihr Gedächtnis zu bewahren versucht, ist für Rosetta, die darin nicht die Gefahr für sich erkennt, ein Beispiel für den Narren. Valerio, der Römer!

Als Leonce die Untergangsstimmung der Römer zu kultivieren versucht, sieht Valerio darin einen richtigen Schritt zum Narren, aber noch nicht diesen selbst. Die Personifizierung des Narren im Stück ist Valerio, ein Landstreicher, der sich zum Narren macht, Partner von Leonce wird und in diesen beiden Situationen seine Befriedigung findet. Er ist die Alternative zur feudalen Lebensform, in der der Thronfolger Leonce aufgewachsen ist. Das Narrenhaus wird zur Alternative des Königreichs Popo. Valerio wird zum Spielgestalter, Konfliktlöser und schließlich zur einzig möglichen Alternative: ein Narr, der Minister wird. Ihm bleibt zudem das letzte Wort im Stück, dem Lustspiel, das nun endgültig zur Satire wird. Die von ihm repräsentierte Herrschaft wird als erste Maßnahme ein Dekret erlassen, das auch das letzte dieser Regierung sein wird, denn jegliche Form von Arbeit wird bei Strafe („unter Kuratel", R 80/HL 57) untersagt. Mit dem Verzicht auf Arbeit ist jedoch die Existenz des Königreiches hinfällig geworden.

Aufgabe 2 ***

Dem Stück geht eine *Vorrede*, ein fiktives Gespräch voraus, das für die menschliche Tätigkeit, hier die des Schriftstellers, im Ergebnis eine Alternative anspricht: Ruhm oder Hunger. Wie stellt sich Tätigkeit bzw. „Arbeit" in dem Stück dar?

Mögliche Lösung in knapper Form

Das fiktive Gespräch findet zwischen den italienischen Dramatikern Vittorio Alfieri (1749–1803) und Carlo Gozzi (1720–1806) statt und geht zurück auf *Briefe eines Reisenden* der französischen Schriftstellerin George Sand, veröffentlicht in der *Revue des Deux Mondes*, 1834. (Beide Sprachen – Französisch und Italienisch – beherrschte Büchner; später lernte er Englisch dazu.) Alfieri und Gozzi waren in Deutschland im ausgehenden 18. Jahrhundert bekanntgeworden, Alfieri als Dramatiker von Tragödien (*Antigone, Orest*, *Saul* u. a.), Gozzi als Komödien- und Märchenstückautor (*Die Liebe zu den drei Orangen, Turandot*). Das verkürzte Gespräch besteht im Wesentlichen aus ähnlich klingenden Worten la fama x la fame, die aber von grundsätzlich gegensätzlicher Bedeutung sind: Und der Ruhm? x Und der Hunger? So wie das Gespräch am Beginn des Stückes steht, soll das Stück mit seiner Handlung eine Antwort auf die Frage geben. Leonce bringt zu Beginn sofort das Gespräch darauf: Es geht um seinen Beruf, und er weiß im Grunde, was das für ihn bedeutet, denn auf die ihn bedrängende Frage des Berufs antwortet er, er wisse sich „vor Arbeit nicht zu helfen" (R 44/HL 29). Doch diese „Arbeit" erweist sich als dümmlicher Zeitvertreib ohne Sinn und Zweck. Will man daraus die Antwort auf die eingangs gestellten Fragen ableiten, ließe sich sagen: Die „Arbeit" Leonces als Thronfolger, seine Vorbereitung auf seinen Beruf als Herrscher, bringt weder Ruhm, noch stillt sie Hunger. Er kommt selbst zu der Erkenntnis, die er als weitere Frage stellt: „Bin ich ein Müßiggänger?" und schließt an, ob er denn eine Beschäftigung habe. Um diese Fragen dreht sich der folgende Monolog des Prinzen, der nur von dürftigen Einwürfen des Hofmeisters unterbrochen wird. Eine wirkliche Erkenntnis stellt sich nicht ein, da Leonce nicht erkennt, dass es nur eine Antwort geben kann, wenn dafür entsprechende Voraussetzungen geschaffen werden, wenn der Mensch einer sinnvollen Tätigkeit nachgeht. Aber davon ist keine Rede. In dieser ausweglosen Situation stellt sich ein neuer Gesprächspartner ein, der Landstreicher Valerio. Er macht aus der Ausweglosigkeit eine Tugend, indem er sie zum romantischen Lebensgefühl erklärt und die Natur – Bienen und Schmetterlinge – für sich arbeiten lässt. Leonce warnt, wenn man das übertreibe, „verhungern" die Insekten und leiden müsse der Mensch. Valerio gibt daraufhin seine tatsächlichen Einsichten kund: Seine romantische Empfindung ist die Voraussetzung zu eigenwilliger Aneignung der natürlichen Produktion: Das führt zu der Kette Gras – Ochse – Mensch oder in Schönheit fressen. Dieses Programm reizt Leonce, zumal Valerio es noch mit einer organisatorischen Planung untermauert. Um dieses Leben in „romantischer Empfindung" führen zu können, bedarf es einer Struktur, die es sichert, bestehend aus einer Armee, Geld, Dienstpersonal und medizinischer Betreuung, die von Valerio als Struktur eines Staates vorgesehen wird. Am Ende des Stückes wird Valerio, nunmehr Narr und Staatsminister in einer Person, diese Organisation per Dekret umsetzen. Doch Valerio warnt, dass das alles nur im Narrenhaus möglich sei, das Königreich also zur Psychiatrie werde, in der die „gesunde Vernunft" nichts mehr bewirke.

Kontrastiv wird die Ankleideszene des Königs dagegengesetzt: König Peter „arbeitet". Während mit zunehmender Bekleidung zum Herrscher die Reputation ständig zunimmt, macht die „Arbeit" des Königs keine Fortschritte. Zwar verfügt er über ein breites philosophisches Wortmaterial, er kann dieses aber nicht mit seiner „Arbeit", dem Denken, verknüpfen. Es ist die Folge davon, dass der König keine Inhalte mit den Begriffen verbinden kann, deshalb seine „Arbeit" auch keinen Inhalt bekommt und Staat und Regierung in Sinnlosigkeit verdämmern. Ausdruck dieser Entwicklung ist ein „Knopf im Schnupftuch", der den König an etwas erinnern sollte; da es aber keine Inhalte für den König gibt, fällt auch diese Erinnerung weg bzw. ist sich nur noch sinnloser Selbstzweck: Der Knopf bedeutet, wie der Kammerherr erklärt, dass der König sich an „etwas erinnern" wollte. Das ist, wie sich endlich herausstellt, das Volk. Die Sinnlosigkeit hat ihren Höhepunkt erreicht: Das Zentrum von Organisation und „Arbeit" hat sich aufgelöst, wird durch einen Knopf ersetzt und ist sich im Erinnern genug. Dem können sich nun

König und Staatsrat gemeinsam widmen oder auch nicht, denn alles, was dem König durch den Kopf geht, was er zu verkündigen hat oder was seine Politik prägt, ist entweder so oder ist nicht so, „entweder, oder". Selbst die Hochzeit des Sohnes, die bevorsteht, ist keineswegs sicher, sie kann auch nicht bevorstehen. Die Sinnlosigkeit erreicht ihren Höhepunkt und der Inhalt der Rede des Königs verliert sich endgültig in einer Tautologie: „Ich bin ich."[149] Dabei steckt im Original des Satzes eine philosophische Erkenntnis. Es ist eine Variation des Grundgedankens der Wissenschaftslehre von Johann Gottlieb Fichte: „Ich bin, da ich handle." Da es jedoch nichts mehr zu handeln gibt und deshalb der Inhalt des Handelns nicht zu erkennen ist, hebt sich das Ich als selbstbestimmtes Subjekt auf und wird sinnlos.

Der Tätigkeit (Arbeit) des Königs wird in der folgenden dritten Szene des ersten Akts die Tätigkeit (Arbeit) des Thronfolgers bei Hofe vorgestellt. Sie reduziert sich auf Müßiggang, der sich in einer Beziehung zu einer Mätresse erschöpft und ebenfalls zu seinem eigenen Widerspruch wird: Mätresse und Langeweile sind „eins", Liebe und Arbeit sind identisch, stellen sich also gegenseitig in Frage und heben sich auf: Leonce hat „die entsetzliche Arbeit ... Nichts zu tun ..." (R 49/HL 34).

Wo auch immer im Stück die Arbeit in ihrer Bedeutung für das Leben des Menschen befragt wird, wird sie sinnlos und hebt sich auf. Damit sind die Existenzbedingungen für die Menschen, ihre sozialen Beziehungen und ihr sie tragendes System verschwunden. Der feudalabsolutistische Staat in karikierter Verkürzung ist sinnlos geworden, weil die Arbeit nicht als allesbestimmende Grundlage erkannt worden ist. Arbeit ist die Voraussetzung für „Ruhm" und die Beseitigung des „Hungers".

---

149 In dem Register seiner Büchner-Ausgabe erklärt Bergemann den Satz sogar als „oberstes Prinzip bei Fichte." Vgl. Bergemann, S. 691. Fichte entwickelt aus dem Satz eine Abfolge sich bedingender Sätze.

Aufgabe 3 *

Die ersten Sätze im eröffnenden Monolog des Königs in der 2. Szene des 1. Aktes betreffen das Denken. Beschreiben Sie die Rolle des Denkens bei der Regierungstätigkeit des Königs.

Mögliche Lösung in knapper Form

Es handelt sich um eine Ankleideszene: Der König wird von zwei Kammerdienern angekleidet; derartige Szenen sind in der Literatur berühmt und bewährt als Demonstration und die Ausstellung von Macht und politischem Verhalten der Herrscher. Eine der berühmtesten Ankleideszenen befindet sich in Bertolt Brechts *Leben des Galilei* (1939); je mehr der Papst seine Machtinsignien angelegt bekommt, desto mehr überlässt er Galilei samt seiner Lehre der Inquisition und ihrer Verurteilung, obwohl er anfangs als Freund Galileis und seiner Lehren gilt. Es geht also bei der Ankleidung des Papstes bei Brecht um die reale Politik des Landes. Auch Büchner geht es um die Politik des Reiches Popo, denn der König wird angekleidet für eine Sitzung des Staatsrates, die Tagessordnung dafür besteht bisher nur aus einem ins Taschentuch geknüpften Knopf, bei dem mühsam herausgefunden wird, dass der Knopf zwar an etwas erinnern soll, nicht gefunden wird aber, woran er erinnern soll. Als der König darauf stößt, es gehe bei dem Knopf um den Staatsrat und um das Volk, also die Erklärungsmethode ausschließlich tautologisch ist, wird bereits deutlich, wie leer und nichtig die Politik von König und Staatsrat ist.

Der König ordnet beim Ankleiden seine Gedanken. Das ist zu jener Zeit nichts Besonderes, sondern ein allgemeiner Zustand: Herrscher umgaben sich häufig mit einem Kreis von Wissenschaftlern, die beratend wirkten. Besonders bekannt wurde Friedrich II. von Preußen, der Philosophen wie Voltaire und La Mettrie an seinen Hof band und mit ihnen den Austausch pflegte.

König Peter geht einen Schritt weiter, denn er versucht, Aufgaben zu bestimmen. Folgerichtig beginnt er bei einem Hauptthema aller Philosophie bzw. dem, was es sein müsste: „Der Mensch" (R 47/HL 32). Der weitere

Verlauf aber wird dem Vorhaben nicht gerecht. – Die Rede des Königs ist bezeichnend für die Methode Georg Büchners bei der sprachlich-logischen Gesamtgestaltung des Stückes: Es arbeitet durchgehend und prinzipiell mit bekannten sprachlichen, inhaltlichen und thematischen Versatzstücken, Zitaten und Begriffen, die zu Büchners Zeit hinlänglich verbreitet waren, die auch Anleihen in anderen Werken waren, so dass Zeitgenossen und spätere Kritiker an der Originalität und Eigenständigkeit des Werkes zweifelten, weil sie die Absicht des Autors verkannten. Büchner setzte das Wissen um diese Versatzstücke aus anderen Werken und die Zitate aus Philosophie und Geschichte als bekannt voraus und verwendete sie, um eine satirische Funktionsveränderung für sie im Stück zu erreichen.

Der Ausgangspunkt Büchners ist dabei die bekannte und weit verbreitete Maxime von René Descartes aus dem Jahre 1641 „Cogito ergo sum (Ich denke also bin ich)". Ähnlich sind auch Kants „Ding an sich", Fichtes Ich-Bestimmung und Hegels Umgang mit diesen Grundsätzen zu sehen. Um die Situation richtig bewerten zu können, ist es ratsam, sich an Georg Büchners *Hessischen Landboten* (Juli 1834) zu erinnern. Darin steht mit Fakten und Statistiken gesichert, was alles im sozialen Gefüge des Großherzogtums Hessen, das als Beispiel für das Reich Popo dient, grundsätzlich zu ändern oder mindestens zu verbessern wäre.

Das Denken als notwendige Handlung des Menschen zu betrachten ist als Arbeitshypothese des Herrschers annehmbar; sie dient zu seiner Selbstverständigung und wäre damit der geeignete Ausgangspunkt für eine philosophische Operation über Inhalt und Form des Herrschens. Die fünfmalige Wiederholung von „denken" ist jedoch dafür keine sinnvolle Bestätigung, sondern Ausdruck der Hilflosigkeit des Denkenden, der über diese Wiederholungen nicht hinauskommt.

Nachdem in der These „Der Mensch muss denken" die Position des Königs deutlich und eine Präambel einer Regierungserklärung vorhanden ist – er sieht sich als den einzigen Denkenden in seinem Reich –, folgt die Antithese, worauf sich das Denken richten soll. Büchner konstituiert mit These (Der Mensch muss denken) – Antithese (Ich muss denken) vereinfacht (mehr wird ihm von Hegel nicht bekannt gewesen sein) die von ihm kritisch beurteilte Hegel'sche Dialektik. Der Mitschüler Luck erinnerte sich an Büchners fortwährende Kritik an der Philosophie und „daher sein vernichtender, manchmal übermütiger Hohn über Taschenspielerkünste Hegelischer Dialektik und Begriffsformulationen“[150].

Im zweiten Teil der Rede wird nicht das Volk oder mindestens eine besondere Schicht, sondern das Ich des Königs zum Gegenstand des Denkens. Das bestätigt die absolutistische Staatsform. Auch das beginnt mit einem bekannten Satz: „Die Substanz ist das an sich; das bin ich.“ In Johann Gottlieb Fichtes Schrift *Die Bestimmung des Menschen* (1800) hieß es: „Ich bin schlechthin, weil Ich Ich bin.“ und „...so bin ich, und so bin ich unveränderlich“[151]. Äußerliches und zutreffendes szenisches Sinnbild für das fortwährende Kreisen um sich selbst ist, dass der König trotz des Ankleidens „fast nackt“ (R 47/HL 32) im Zimmer herumläuft. Das Märchen von Hans Christian Andersen *Des Kaisers neue Kleider* (1837) fällt ein, in dem der Herrscher im Glauben, er habe alle Zeichen und Insignien der Macht angelegt, tatsächlich nackt vor sein Volk tritt.

Dem König Peter reicht seine Selbstverständigung nicht. Nachdem er These und Antithese schlüssig und endgültig bedacht hat, folgt die Zusammenführung beider zur Synthese, also zur Verwirklichung. Zuerst fährt König Peter logisch fort: „Jetzt kommen ...“, und der König kann mit Kategorien des philosophischen Diskurses sowie mit philosophischen Begriffen aufwarten, um diese mit Wirklichkeit und Lebenspraxis zu füllen. Aber fehlten im ersten Abschnitt die Konkretisierungen und Inhalte der Denkprozesse, so geht der zweite Schritt völlig daneben. Selbst die Bezugsebenen der Begriffe stimmen nicht mehr, und so gerät alles durcheinander, „die Kategorien sind in der schändlichsten Verwirrung“. Der König wird seinem Anspruch, ein Denker zu sein, nicht gerecht, es wird sogar noch schlimmer: Er wird zur Witzgestalt.

---

150 Mitteilungen Ludwig Wilhelm Lucks aus Schul- und Universitätszeit. In: Bergemann, S. 590 f.

151 Johann Gottlieb Fichte: *Die Bestimmung des Menschen*. Stuttgart: Reclam, 1993, S. 88 und 192.

Aufgabe 4 **

Die Auseinandersetzung mit der zeitgenössischen Philosophie spielt im Stück eine große Rolle. Beschreiben Sie, wie der König mit den unterschiedlichen philosophischen Systemen umgeht?

Mögliche Lösung in knapper Form

Nachdem gefragt worden ist, wie sich der König als Denker ausnimmt, stellt sich die Frage, wer denn die Kronzeugen seines Denkens sind und woher er die Kategorien und Systeme hat, mit denen er umgeht.

Der König setzt als einziges Objekt für diese Denkoperation sein Ich an, eine Frage, die sich bevorzugt im subjektiven Idealismus stellt. Immanuel Kants *Kritik der reinen Vernunft* könnte als Bezugspunkt gemeint sein. – Um seinem Ankleidevorgang folgen zu können, der gleichzeitig seine Erhöhung vom einzelnen nackten Menschen zum Repräsentanten des Staates ist, muss er sich und seine Kleider in die von den unterschiedlichen philosophischen Richtungen vorgegebenen „Kategorien" zwingen: „Affektionen und Akzidenzien" werden zu „mein Hemd, meine Hose" und eine der bestimmenden Kategorien jeder Philosophie, die „Moral", wird neben die „Manschette" gestellt. Durch die M-Alliteration werden die beiden Begriffe als zusammengehörige Begriffe satirisch überhöht und wirken in der Parallelität als Karikatur. Jetzt erst erkennt der König, dass er sich heillos verirrt hat („Die Kategorien sind in der schändlichsten Verwirrung", R 47/HL 32) und gibt sein Scheitern zu: „Mein ganzes System ist ruiniert." Dieser Satz des Königs ist vieldeutig: Einmal teilt er mit, dass des Königs Anspruch beim ersten Versuch, ihn umzusetzen, gescheitert ist. Dahinter steckt aber auch die Möglichkeit, das als Büchners Bild der damals aktuellen Philosophie zu sehen: Das philosophische System, das die Grundlage der politischen Herrschaft ist und das dazu noch von einem der Repräsentanten des Systems vorgestellt wird, ist gescheitert und überholt. Das könnte für die Spielarten des deutschen Idealismus gelten. Präziser ließe sich darin auch der satirische Umgang mit Descartes sehen, mit dem sich Büchner intensiv beschäftigt hat. Dessen „Cogito ergo sum" und Kants „Ding an sich" bieten sich an,

Lehrstücke für den König gewesen zu sein, der sie jedoch nicht verstanden hat. Aber auch Fichte, den Büchner schon als Schüler gut kannte, hat sicherlich eine Rolle gespielt. Bei Fichte spielte die Französische Revolution eine bedeutende Rolle. Fichte sah darin einen neuen Anfang für die Menschheitsgeschichte und leitete daraus seine philosophischen Grundsätze ab. Die sittliche Gemeinschaft der Menschen, die Fichte sich mit seinem System vorstellte, gehörte auch in das Weltbild Büchners, findet sich jedoch nur im Gegenbild, der unterdrückten und ausgebeuteten Bauernschaft im *Hessischen Landboten* wieder.

Für König Peter sind solche Möglichkeiten, die Leere seiner Begriffe mit Inhalten zu füllen, noch weniger gegeben. Mit einem Taschenspielertrick will der König retten, was zu retten ist, und bezieht einen der ankleidenden Kammerdiener ein, der ihm erklären soll, was der Knopf im Taschentuch bedeute. Schon das hat nichts mehr mit dem hohen philosophischen Anspruch zu tun, den der König zu Beginn stellte, denn es handelt sich um den verbreiteten volkstümlichen Brauch, einen Knoten ins (Stoff-)Taschentuch zu knüpfen oder eben einen Knopf einzubinden, wenn man sich an etwas erinnern will. Nicht vorausschauendes Denken wird gefragt, sondern es geht um zurückblickendes Erinnern. Aber selbst dabei kommen König und Kammerdiener nur auf die tautologische Erklärung, dass man den Knopf einbinde, um „sich an etwas (zu) erinnern", das man erinnern wolle (R 47/HL 32). Das Wort „begriffen?" aus dem ersten Teil der Rede des Königs wird nun abgelöst vom Wort „erinnern" (R 47/HL 32). Damit hat der am Beginn der Szene hoch angesetzte Denkanspruch des Königs, der einzig denkende Mensch in seinem Lande zu sein, einen Tiefpunkt erreicht, eine Fortführung schließt sich aus: „Die Menschen machen mich confus, ich bin in der größten Verwirrung. Ich weiß mir nicht mehr zu helfen." (R 47/HL 33) Nur eine kabarettistische Steigerung der satirisch angelegten Szene ist möglich, und Büchner nutzt sie. Ein Diener kündigt den „Staatsrat" an, und König Peter ist erfreut, denn eben daran, an sein Volk, wollte er sich „erinnern".

In der kurzen Szene (1. Akt, 2. Szene, erste Hälfte) hat Georg Büchner Merkmale der zeitgenössischen Philosophie durch eine zugespitzte sprachliche Konfrontation demaskiert und das absolutistische Herrschaftssystem als historisch überholt bloßgestellt, dazu noch durch einen seiner Repräsentanten. Dass er dabei vom *Titel* und der *Vorrede* an bis zum letzten Wort darauf vertraute, Abrufbares beim Publikum anzusprechen, gehörte zur Absicht und bestimmte die Gestaltungsmethode. Büchner trug sich 1836 mit dem Gedanken, den er verwirklichte, an der Universität in Zürich „einen Kurs über die Entwicklung der deutschen Philosophie seit Cartesius zu lesen“[152]. Büchners Bruder Ludwig Büchner, der die *Nachgelassenen Schriften* herausgab, informierte ebenfalls über das große Vorhaben und die dazu vorliegenden Nachlassbestände.

Die Absicht Büchners war es, mit diesem kurzen Monolog die idealistische deutsche Philosophie der Zeit, vorwiegend geknüpft an Immanuel Kant, als Luftblase zu entlarven und sie durch parodistische Überspitzung bloßzustellen. Sein Ziel war beim Umgang mit Philosophie, wie der Mitschüler Luck berichtete, immer auf das „gradaus“ loszugehen, „was er als das Wesen und den Kern der Dinge erkannte, auch in der Wissenschaft, besonders der Philosophie, sowie hinsichtlich der politischen Volksbedürfnisse, wie er sie ansah“[153].

---

152 Brief an Gutzkow, Straßburg (1836). In: Bergemann, S. 434.

153 Mitteilungen Ludwig Wilhelm Lucks aus Schul- und Universitätszeit. In: Bergemann, S. 590.

Lernskizze 1: Zeittafel zu Georg Büchners *Leonce und Lena* und der Zeit 1813–1837

Epochen	Allgemeine Geschichte	Kulturgeschichte	Literaturgeschichte
Romantik 1798–1835	**1813 Völkerschlacht bei Leipzig** 1814: Louis XVIII. (Bourbonenrestauration) 1815 Wiener Kongress 1817: Wartburgfest 1818: Allg. Dt. Burschenschaft 1819: Karlsbader Beschlüsse, Demagogenverfolgung. 1821: Griech. Freiheitskampf bis 1827, Philhellenismus 1822: Hl. Allianz: Unterdrückung der bürgerlichen Revolution in Europa **1830: Julirevolution in Frankreich** Die Restauration wird gelenkt von Fürst Metternich (1773–1859) – kämpfte gegen Liberalität, verfolgte revolutionäre Bewegungen unter Dichtern und Studenten. 1830: Louis Philipp I. wird König der Franzosen. 1832: Hambacher Fest **1833 Frankfurter Wachensturm** **1834: *Der Hessische Landbote* (G. Büchner, W. Weitling)**	1810: Malervereinigung der Nazarener in Rom 1811: Jahn eröffnet ersten Turnplatz in Berlin Gemälde C. D. Friedrichs Bedeutende Zeitschriften 1798 ff. (Athenäum) Literarische Salons als Kulturzentren: Rahel Varnhagen, H. Hertz, Bettina von Arnim, Karoline v. Günderrode 1825: Gründung des Börsenvereins utop. Sozialismus: Saint-Simon 1835: Eisenbahn Nürnberg–Fürth Architektur: Klassizismus von Schinkel	**17.10.1813 *Georg Büchner** Epoche von Klassik und Romantik: Jena : August Wilhelm (1767–1845) und Friedrich (1772–1829) Schlegel, Caroline Schlegel (verheiratet u. a. mit A. W. Schlegel, Schelling, befreundet mit Georg Forster), Novalis (1772–1801 – bedeutendster Dichter der Frühromantik), Ludwig Tieck (1773–1853), E. T. A. Hoffmann (1776–1822) Hochromantik nach 1805 (Heidelberg): Achim v. Arnim (1781–1831), **Clemens Brentano (1778–1842)** – Sammlung von Volksliedern *(Des Knaben Wunderhorn)* und Volksdichtungen Volkstüm. (schwäb.) Romantik: Ludwig Uhland (1787–1862), Gustav Schwab (1792–1850), Justinus Kerner (1786–1862), Eduard Mörike (1804–1875) Rom. Schicksalstragödie: Zacharias Werner, Adolf Müllner Joseph v. Eichendorff (1788–1857), Wilhelm Müller, genannt: Griechen-Müller (1794–1827) Österreich: F. Raimund, J. N. Nestroy, F. Grillparzer England: Lord Byron
Junges Deutschland, Vormärz 1830–1850	1834: Dt. Zollverein schafft einheitlichen Markt. 1844: Weberaufstand in Lyon 1835: Erlass gegen das Junge Deutschland 1836: Bund der Gerechten (politische Organisation der deutschen Arbeiter)	1832: opt. Telegraf Berlin – Koblenz 1837: Protesterklärung der Göttinger Sieben (darunter Wilhelm und Jacob Grimm) gegen die Aufhebung der Verfassung im Königreich Hannover, Entlassung und für einige Landesverweisung Darwin (1809–1882): Weltreise 1831–37	Junges Deutschland: Ludwig Börne (1786–1837), Heinrich Heine (1797–1856), Christian Dietrich Grabbe (1801–1836), Ludolf Wienbarg (1802–1872), Heinrich Laube (1806–1884), Karl Gutzkow (1811–1878) **Georg Büchner: *Dantons Tod, Leonce und Lena, Woyzeck* (1835/36; 1878), † 19.2.1837** K. Immermann (1796–1840) Politische Gedichte (bis 1840): von Platen, Lenau, Mosen, Chamisso Schweiz: J. Gotthelf, G. Keller

Lernskizze 2: Historische Namen und ihre Funktion im Stück

Die Verwendung historischer Namen findet in geringem Umfang statt und verdichtet sich in wenigen Abschnitten auf wenige Personen im Stück, vorwiegend auf Valerio und Leonce, deren spiegelbildliche Zusammengehörigkeit sie ausweist.

Name	Wer ihn verwendet	Funktion
Alexander der Große (R 45/HL 31) (R 57/HL 40)	Valerio	Indem sich Valerio mit ihm gleichsetzt, ist Vorsicht geboten. Der historisch gepriesene Feldherr wird bei Valerio zur Narrengestalt in einer Farce (siehe unten), deren Führungsgestalten neben ihm eine Bohnenstange, eine Kreuzspinne und vor allem als Generalissimus ein Heupferd sind; benutzt ihn zur ironischen Identifikation als Antiheld
	Leonce	stellt ihn in eine Reihe mit Antihelden
Epikuräismus (nach Epikur) (R 51/HL 35)	Leonce	Sinnbild für Genuss und Glückseligkeit auf der Grundlage eines materialistisch-atheistischen Naturverständnisses ohne göttlichen Eingriff. Der Begriff ist eine Ausnahme, denn er bezeichnet nur indirekt eine Gestalt.
Adonis (R 53/HL 37)	Valerio	Er nennt Leonce so und macht so darauf aufmerksam, dass er seine Vorbildbedeutung eingebüßt hat. Adonis war ein Fruchtbarkeitsgott; deshalb spielt Valerio auf die Schenkel und damit auf die Zeugungsfähigkeit von Leonce an.
Virgil (R 57/HL 40)	Leonce	Er gehört zu dem Idealbild, das Leonce von Italien entwirft.
Caligula (R 52/HL 36), **Nero** (R 52/HL 36)	Leonce	nennt sie beide als Beispiel, wie ein Herrscher seine Neigungen nicht nur grenzwertig steigert, sondern auch das Spiel für die Selbstverwirklichung verwendet, ohne Rücksicht auf andere Menschen zu nehmen
Odilia/Ottilia (R 62/HL 45)	Gouvernante	die einzige Frauengestalt im Ensemble der historischen Gestalten, zudem nicht von einer der Hauptgestalten genannt, sondern von der Gouvernante. Hinweis darauf, dass Lena eine Sonderstellung einnimmt.
Don Carlos (R 58/HL 41)	Gouvernante	Sie ist der Glorifizierung historischer Gestalten durch die Klassik verfallen. Der historische Carlos ist bedeutungslos. Erst Schiller hat ihm dieses nicht belegbare Profil gegeben.
Napoleon (R 57/HL 40)	Leonce	lehnt den Heroismus und alle Heldenverehrung ab, damit stellt er sich gegen die aristokratische Geschichtsauffassung von dem Helden, lehnt ihn als romantisches Vorbild ab.

Namen historischer Gestalten werden von Leonce und Valerio verwendet: Leonce nutzt sie für Entwürfe eines Vorbilds, Valerio als Gestalten seiner Narrenwelt.

Lernskizze 3: Die „romantisierende" Szene in *Leonce und Lena* (1. Akt, 3. Szene)

Ort

Der Aufwand ist beträchtlich: „Ein reichgeschmückter Saal, Kerzen brennen. Leonce mit einigen Dienern." (R 48 ff./HL 33 ff.). Die Vorstellung einer romantischen Situation wird bedient.

Grundlegende Handlungselemente

Leonce fordert „Zündet die Kerzen an!" und lässt künstlich Nacht schaffen; er will Nacht, Merkmal des romantischen Lebens. Romantisches Interieur wird geschaffen: Oleander, giftig, und Rosen, Wein, „Tautropfen", „Violinen".

Die Mätresse Rosetta tritt, von Musik begleitet, hinzu. „Rosetta" ist ein seltener, aber wenig aufwendiger Name; er bedeutet „kleine Rose", aber auch „Beschützerin". Rosetta wird zur Partnerin von Leonce in dieser Szene, aber ihre Einordnung in die Aufzählung der romantischen Requisiten macht ihren Objektcharakter, die Entfremdung, deutlich: Sie wird zu einer Sache. Der Name könnte auf Musset und Gautier zurückgehen*, jedoch kann er auch nur als ein zeitgenössischer Name verwendet worden sein.

Gesprächsführung

Ein inhaltsleeres Gespräch, bedeutungsarm stichomythisch, ein kurzer Satz (oder ein Wort) folgt auf den anderen. In dem „Gespräch" stellt sich heraus, dass Leonces wichtigste Begriffe im Grunde genommen Synonyme sind: Küssen, Gähnen, Arbeit, Liebe, Langeweile, Beschäftigung, Müßiggang. Es findet seinen Höhepunkt im Inbegriff des schönen Lebens: „O dolce far niente". Zu seiner Bestimmung werden die genannten Begriffe zusammengeführt, auf Rosetta konzentriert und in den Begriff „Hiatus" gebracht. Der ist vor allem in der Lyriktheorie gebräuchlich und bedeutet das Zusammenstoßen von zwei Vokalen.

Interpretation der Szene

Leonces Streben nach Nacht entspricht dem romantischen Lebensgefühl, wie es z. B. in Novalis' *Hymnen an die Nacht* (1800) zu finden ist. Die Nacht ist die endliche Erlösung des Menschen. Für Leonce ist es jedoch die Fortsetzung des Müßiggangs der 1. Szene, aber angereichert durch die Mätresse Rosetta. Auch wenn die Attribute vorhanden sind, verliert die Szene ihren romantischen Gehalt.

---

* Vgl. Hinderer, S. 139.

Lernskizze 4: Die Herrschaft und der Begriff „Denken"

ERSTER AKT, ZWEITE SZENE, BEGINN

Es geht um das **Denken**.
Der Ansatz **„Der Mensch muss denken"** erschöpft sich in Wiederholungen,
bleibt ohne weitere Auffüllung stecken und beginnt sich im Kreis zu drehen.
Es bleibt der inhaltsentleerte Begriff „denken".

Unbegründet, weil für ihn grundsätzlich determiniert,
lässt der König hingegen, warum er seinem Volk das Denken abspricht
und sich als Denkenden an dieser Stelle positioniert.
Gründe werden nicht genannt und auch nicht vom König erfragt.

Dass die Untertanen nicht denken wollen oder können,
wird durch die Doppelung nicht einsichtsvoller.
Vielmehr hat die oftmalige Verwendung des Begriffs „denken" andere Ursachen:
Der König sucht mit größter Anstrengung einen Vorgang,
den er als König angemessen und würdevoll in Anspruch nehmen kann
und der gleichzeitig seine historische Bedeutung ausweist.

War zuerst zu bestimmen, was Thema der königlichen Arbeit ist
– das Denken –,
um seiner Herrschertätigkeit gerecht zu werden,
so folgt der Inhalt des Denkvorgangs: **das Ich**.
Damit ist für den König die einfachste Lösung für seine Aufgabe
„Denken als Sinn – Ziel des Denkens = These und Antithese"
gefunden:

„Ich muss … denken" – „… das bin ich".

Lernskizze 5: Die soziale Struktur in *Leonce und Lena*

Szene	Herrschaft	Dienstpersonal	Narr	Soziale Unterschicht
1.1.	Prinz Leonce	Hofmeister	Valerio	
1.2.	König Peter	Präsident, Erster u. Zweiter Kammerdiener, sonstige Diener	Valerio	
1.3.	Prinz Leonce	Präsident	Valerio	Rosetta
1.4.	Prinzessin Lena	Gouvernante		
2.1.	Prinz Leonce, Prinzessin Lena	Gouvernante, nur in HL: Polizeibeamte	Valerio	
2.2.	Prinz Leonce, Prinzessin Lena	Gouvernante	Valerio	
2.3.	Prinzessin Lena	Gouvernante		
2.4.	Prinz Leonce, Prinzessin Lena		Valerio	
3.1.	Prinz Leonce		Valerio	
3.2.		Landrat, Schulmeister		Bauern
3.3.	König Peter, Prinz Leonce, Prinzessin Lena	Zeremonienmeister, Präsident, Hofprediger, Erster bis Vierter Bedienter	Valerio	

Dienstpersonal:

- Staatsrat
- Präsident
- Hofmeister
- Gouvernante
- Hofprediger
- Zeremonienmeister

niedere Dienerschaft u. a.:

- Kammerdiener
- sonstige Diener
- Schulmeister

Fazit:

Beherrschend sind die Herrschenden und ihr Personal. Eine sehr eigenständige Funktion, die den Ablauf des Stückes wesentlich beeinflusst, hat Valerio. Keine Bedeutung haben die sozialen Außenseiter, die Mätresse Rosetta und die Bauern. Die Bauern, die die wirtschaftliche Grundlage des Landes bilden, sind nicht einmal zu einfachen sprachlichen Äußerungen in der Lage.

LITERATUR

1) Ausgaben

Zitierte Ausgaben:

Büchner, Georg: *Woyzeck*. Ein Fragment. *Leonce und Lena*. Ein Lustspiel. Husum/Nordsee: Hamburger Lesehefte Verlag, 2021 (148. Hamburger Leseheft, Heftbearbeitung: Uwe Lehmann).

Büchner, Georg: *Woyzeck*. *Leonce und Lena*. Hrsg. von Burghard Dedner. Stuttgart: Reclam 2020 (Reclams Universal-Bibliothek Nr. 18420).

Weitere Ausgaben, Gesamtausgaben:

Büchner, Georg: *Leonce und Lena*. Kritische Studienausgabe. Hrsg. von Burghard Dedner. Beiträge zu Text und Quellen von Jörg Jochen Berns, Burghard Dedner, Thomas Michael Mayer und E. Theodor Voss. Frankfurt a.M.: Athenäum, 1987 (Büchner-Studien Bd. 3).

Büchner, Georg: *Werke und Briefe. Gesamtausgabe.* Hrsg. von Fritz Bergemann. Leipzig: Insel-Verlag 7. Auflage 1968 → In den Fußnoten zitiert als ‚Bergemann'.

Büchner, Georg: *Sämtliche Werke und Briefe.* Hist.-krit. Ausgabe mit Kommentar. Hrsg. von Werner R. Lehmann, 2 Bände, Hamburg 1967–71, München, 2. Aufl.1974.

Büchner, Georg: *Werke und Briefe. Münchner Ausgabe.* Hrsg. von Karl Pörnbacher, Gerhard Schaub, Hans-Joachim Simm und Edda Ziegler. München: dtv, 3. Aufl. 1992.

2) Lernhilfen und Kommentare für Schüler

Bernhardt, Rüdiger: *Erläuterungen zu Georg Büchner. Leonce und Lena.* Hollfeld: Bange Verlag, 3. Aufl. 2007 (Königs Erläuterungen und Materialien Bd. 236).

Bernhardt, Rüdiger: *Textanalyse und Interpretation zu Georg Büchner. Woyzeck*. Hollfeld: Bange Verlag, 17. Aufl. 2020 (Textanalyse und Interpretation zu Georg Büchner Bd. 235).

Bernhardt, Rüdiger: *Textanalyse und Interpretation zu Georg Büchner. Dantons Tod.* Hollfeld: Bange Verlag, 11. Aufl. 2017 (Textanalyse und Interpretation Bd. 236).

Bernhardt, Rüdiger: *Erläuterungen zu Georg Büchner. Der Hessische Landbote*. Hollfeld: Bange Verlag, 2. Aufl. 2007 (Königs Erläuterungen und Materialien Bd. 449).

Hufnagel, Elke: Georg Büchner. *Leonce und Lena*. Stuttgart, Düsseldorf, Leipzig: Ernst Klett Verlag, 2001.

Knapp, Gerhard P.: *Georg Büchner.* Stuttgart: Metzler, 2. Aufl. 1984 (Sammlung Metzler 159).

3) Sekundärliteratur:

Arnold, Heinz Ludwig (Hrsg.): *Georg Büchner I–III*. München: edition text +kritik München 1979–1981, 2. Aufl. 1982.

Beese, Marianne: *Georg Büchner.* Leipzig: Bibliographisches Institut, 1983.

Borgards, Roland / Neumeyer, Harald (Hrsg.): *Büchner-Handbuch. Leben – Werk – Wirkung.* Sonderausgabe. Stuttgart, Weimar: J. B. Metzler'sche Verlagsbuchhandlung und Carl Ernst Poeschel Verlag GmbH, 2015.

Georg Büchner Jahrbuch. In Verbindung mit der Georg Büchner Gesellschaft und der Forschungsstelle Georg Büchner. Hrsg. von Thomas Michael Mayer u. a. Frankfurt a. M.: Europäische Verlagsanstalt, 1981–1990, Tübingen 1991 ff., besonders 3/1983, 11/2005–08, 12/2009–2012.

Büchner, Georg: *1813–1837, Revolutionär, Dichter, Wissenschaftler* (Katalog der Ausstellung Mathildenhöhe, Darmstadt, 2. August – 27. September 1987). Basel, Frankfurt a. M.: Stroemfeld/Roter Stern, 1987.

Dedner, Burghard; Glück, Alfons; Mayer, Thomas Michael (Hrsg.): *Büchner-Studien. Veröffentlichungen der Forschungs-*

stelle Georg Büchner. Frankfurt a. M.: Athenäum, 1985 ff., Band 1 ff.

Dedner, Burghard: *Leonce und Lena*. In: Interpretationen. Georg Büchner. Stuttgart: Reclam, Durchgesehene Ausgabe 2001 (Universal-Bibliothek Nr. 8415), S. 119–176.

Goltschnigg, Dietmar (Hrsg.): *Georg Büchner und die Moderne. Texte, Analysen, Kommentar.* 3 Bände. Berlin, Bielefeld, München: Erich Schmidt Verlag, 2001–04 (Band I: 1875–1945, Band II: 1945–1980, Band III: 1980–2002).

Hauschild, Jan-Christoph: *Georg Büchner – Studien und neue Quellen zu Leben, Werk und Wirkung. Mit zwei unbekannten Büchner-Briefen.* Königstein: Athäneum Verlag, 1985.

Hauschild, Jan-Christoph: *Georg Büchner. Mit Selbstzeugnissen und Bilddokumenten dargestellt.* rowohlts monographien Nr. 503, Reinbek b. Hamburg: Rowohlt Taschenbuchverlag, 1992.

Hauschild, Jan-Christoph: *Georg Büchner. Biographie.* Berlin: Ullstein, 1997 (Ullstein-Buch: 26505) → Diese überarbeitete Ausgabe wird, weil vollständiger, der folgenden vorgezogen: Hauschild, Jan-Christoph: *Georg Büchner. Biographie.* Stuttgart 1993.

Hiebel, Hans H.: *Georg Büchners heiter-sarkastische Komödie „Leonce und Lena".* In: Winfried Freund (Hrsg.): Deutsche Komödien. Vom Barock bis zur Gegenwart. München: Wilhelm Fink Verlag (UTB 1498), 1988, S. 110–128.

Hildesheimer, Wolfgang: *(Rede zum Büchner-Preis 1966).* In: Büchner-Preis-Reden 1951–1971. Stuttgart: Reclam, 1981, S. 169–182.

Hinderer, Walter: *Büchner-Kommentar zum dichterischen Werk.* München: Winkler Verlag, 1977.

Kurzke, Hermann: *Georg Büchner. Geschichte eines Genies.* München: C. H. Beck, 2013.

Loch, Rudolf: *Georg Büchner. Das Leben eines Frühvollendeten.* Berlin: Neues Leben, 1988.

Martens, Wolfgang (Hrsg.): *Georg Büchner.* Darmstadt: Wissenschaftliche Buchgesellschaft, 1965 (Wege der Forschung Bd. III).

Martens, Wolfgang: *Leonce und Lena.* In: Walter Hinck (Hrsg.): Die deutsche Komödie. Vom Mittelalter bis zur Gegenwart. Düsseldorf: August Bagel Verlag, 1977, S. 145–159.

Martin, Ariane: *Georg Büchner.* Stuttgart: Reclam, 2007 (RUB Nr. 17670).

Mayer, Hans: *Georg Büchner und seine Zeit.* Berlin: Aufbau-Verlag, 1960 → Auch in der Reihe suhrkamp taschenbuch, Nr. 58 (1972) erschienen.

Mayer, Hans: *Prinz Leonce und Doktor Faust.* In: Hans Mayer: Das unglückliche Bewusstsein. Zur deutschen Literaturgeschichte von Lessing bis Heine. Frankfurt a. M.: Suhrkamp Verlag, 1986, Berlin und Weimar: Aufbau-Verlag, 1990, S. 532–540.

Mayer, Thomas Michael: *Georg Büchner. Eine kurze Chronik zu Leben und Werk.* In: Heinz Ludwig Arnold (Hrsg.): Georg Büchner I–III. München: edition text+kritik, 1979–1981, 2. Aufl. 1982, S. 357–425.

Mayer, Thomas Michael (Hrsg.): *Insel-Almanach auf das Jahr 1987. Georg Büchner.* Frankfurt a. M.: Insel-Verlag, 1987.

Poschmann, Henri: *Georg Büchner. Dichtung der Revolution und Revolution der Dichtung.* Berlin und Weimar: Aufbau-Verlag, 1983, 3. Aufl. 1988.

Ruvio, Dino Gaspare: *Dramaturgie als Geometrie. Schau-Spiele Georg Büchners.* Diss. Universitäten Bonn und Florenz, Bonn 2013.

Seidel, Jürgen: *Georg Büchner.* München: dtv, 1998 (Reihe dtv portrait, Nr. 31001).

Wohlfahrt, Thomas: *Georg Büchners Lustspiel „Leonce und Lena". Kunstform und Gehalt.* In: Hans-Georg Werner (Hrsg.): Studien zu Georg Büchner. Berlin und Weimar: Aufbau-Verlag, 1988, S. 105–146.

4) Verfilmung

Leonce und Lena. BRD (Verfilmung für das Fernsehen/ARD/WDR) 1963
Regie: Heinz Wilhelm Schwarz.

Leonce und Lena. 1990.
Regie Michael Klemm, Musik: Tom Waits.

5) Opern nach dem Lustspiel

1937 Erich Zeisl (Libretto: Hugo von Königsgarten) Leonce und Lena

1961 Kurt Schwaen: Leonce und Lena. Kammeroper (erfolgreichste Vertonung)

1978 Paul Dessau: Leonce und Lena (Text: Thomas Körner)

1981 Thomas Hertel: Leonce und Lena

6) Sonstiges

Leonce und Lena. Kinderbuch. Bearbeitet von Jürg Amann, mit Illustrationen von Lisbeth Zwerger. Zürich: NordSüd Verlag, 2013.

EIGENE NOTIZEN